Topos plus **Taschenbücher**
Band 451

Thomas Eggensperger / Ulrich Engel (Hg.)

Worauf dürfen wir hoffen?

Ein Gespräch zwischen Paulus Engelhardt, Dorothee Sölle und Fulbert Steffensky

Topos plus Taschenbücher

Paulus Engelhardt zum 80. Geburtstag

Topos plus **Verlagsgemeinschaft**

Die Mitglieder der Verlagsgruppe Engagement:
Butzon & Bercker -Kevelaer | Don Bosco -München
Echter -Würzburg | Verlag Katholisches Bibelwerk -Stuttgart
Lahn-Verlag -Limburg Kevelaer | Matthias-Grünewald-Verlag -Mainz
Paulusverlag -Freiburg Schweiz | Friedrich Pustet -Regensburg
Styria -Graz Wien Köln | Tyrolia -Innsbruck Wien

Die Deutsche Bibliothek – CIP-Einheitsaufnahme
Ein Titeldatensatz für diese Publikation ist bei
Der Deutschen Bibliothek erhältlich

Einband- und Reihengestaltung:
Akut Werbung GmbH, Dortmund
Herstellung: Pustet, Regensburg
Printed in Germany

Topos plus – Bestellnummer: 3-7867-8451-5

Inhalt

Worauf dürfen wir hoffen?

Vorwort der Herausgeber

Thomas Eggensperger/Ulrich Engel

„Was darf ich hoffen?" lautet Immanuel Kants dritte Frage, welche die Vernunft vor ihren eigenen Richterstuhl bringt.[1] Nicht von ungefähr lehnt sich der Titel des vorliegenden Buches an Kants Formulierung an – werden hier doch Leserinnen und Leser Zeuge, wie sich ein *Philosoph* an der Frage nach der Hoffnung abarbeitet: Paulus Engelhardt OP. Doch fordert Kants philosophische Rechenschaft über die Hoffnung auch die Theologie heraus – und damit den *Theologen, Seelsorger und Ordensmann* Engelhardt.

Entstanden ist das Buch anlässlich des 80. Geburtstag von Paulus Engelhardt am 4. Mai 2001. In der Spannweite der Beiträge – „Erkundungen zwischen Thomas von Aquin und der Politischen Theologie" – spiegelt sich das wissenschaftliche Wirken des Jubilars. Gleich ob es um die Hoffnungstheorie des Thomas von Aquin geht oder um die Wegbereitung der deutschen Hoffnungstheologie in den Marxismus-Gesprächen der „Paulus-Gesellschaft" in den 60er Jahren des letzten Jahrhunderts, ob um die Vermittlung der *theologischen* Relevanz, die der Kantischen Frage innewohnt, an Generationen von Studentinnen und Studenten, oder um die ganz persönliche Rechenschaft über unsere Hoffnung, die allen Christenmenschen abverlangt ist[2]: immer findet sich mitten darin der Name Paulus Engelhardt.

[1] KrV B 834, A 806.

[2] Vgl. 1 Petr 3,15: „Seid stets bereit, jedem Rede und Antwort zu stehen, der nach der Hoffnung fragt, die euch erfüllt."

Nicht als Festschrift ist die hier vorliegende Reflexion auf die Hoffnung(en) konzipiert, eher als Zwischenbilanz. Der erste Text zur „Hoffnungstheorie des Thomas von Aquin“ ist aus einem Vortrag bei den Düsseldorfer „Mittwochsgesprächen“ und dem sich anschließenden Publikumsgespräch hervorgegangen.[3] Es steht zu hoffen, dass diese Ausführungen „nur“ vorläufig gelten, als Zwischenbilanz eben, hat Paulus Engelhardt doch noch einen umfangreichen Kommentar zur Hoffnung als Band 16 der „Deutschen Thomas-Ausgabe“ angekündigt. Damit dieses studienintensive Unterfangen von Erfolg gekrönt sein möge, sei hier der Hl. Thomas mit einem guten Ratschlag zitiert, den wir dem immer agilen, seelsorglich engagierten und pastoral umtriebigen Jubilar ins Stammbuch geschrieben wissen möchten. Auf die Frage des jungen Fraters Johannes, wie man denn erfolgreich studieren könne, gab ihm Thomas zur Antwort: „Sei langsam und gehe nur mit Zögern ins Sprechzimmer.“[4]

Der zweite hier vorliegende Text ist das Ergebnis einer gemeinschaftlichen Reflexion. Unter dem Titel „Hoffungen und Hoffnung“ wird eine Podiumsdiskussion aus der Düsseldorfer Dominikanerkirche Sankt Andreas dokumentiert, die sich dem Rück- wie dem Ausblick widmete.[5] In langjähriger Freundschaft mit Paulus Engel-

[3] Mitschnitt des „Mittwochsgesprächs“ in der Volkshochschule Düsseldorf am 2. Mai 2001 (Leitung: Prof. em. DDr. Hans Waldenfels SJ).

[4] Epistula exhortatoria de modo studendi ad fratrum Johannem. Zit. in dt. Übersetzung nach: Otto Hermann Pesch, Thomas von Aquin. Grenze und Größe mittelalterlicher Theologie. Eine Einführung, Mainz 1988, 401f., hier 401.

[5] Dokumentation einer Podiumsdiskussion zum 80. Geburtstag von Paulus Engelhardt OP am 4. Mai 2001 in der Andreaskirche Düsseldorf. Orgelimprovisationen von Christoph Schulte im Walde, Münster, umrahmten und strukturierten das Gespräch.

hardt verbunden, gestalteten Dorothee Sölle und Fulbert Steffensky diese an manchen Stellen sehr persönlich gehaltene Erinnerungsarbeit mit. So sind Worte *über* die Hoffnung unter der Hand zu Worten *der* Hoffnung geworden. In Person der drei Diskutanten öffnen sich die biographisch gefärbten Zeugnisse zwangsläufig auch gesellschaftspolitischen Zusammenhängen, vor allem den theologisch wie spirituell relevanten Fragen nach Gerechtigkeit, Frieden und Bewahrung der Schöpfung. Erst – das wird im Gespräch deutlich – wo sich die in der Heilsbotschaft Jesu Christi geschenkte Hoffnung im Sinne des Zweiten Vatikanischen Konzils solidarisch zeigt mit „Freude und Hoffnung, Trauer und Angst der Menschen von heute“[6], da kann Kirche in Gestalt der Gemeinden Gottes zum Hoffnungszeichen für andere werden. Dass dies nur unzureichend verwirklicht ist, gehört auch zur (selbst-)kritisch formulierten Zwischenbilanz.

Allen, die am Zustandekommen dieses Buches mitgewirkt haben, sei herzlich gedankt: namentlich Christoph Staudinger (Düsseldorf) für die gewissenhafte Verschriftlichung der Tonbandmitschnitte, Paulus Engelhardt, Dorothee Sölle und Fulbert Steffensky für die akribische Durchsicht des Manuskripts sowie dem Matthias-Grünewald-Verlag in Person seines Lektors Dr. Paul Rulands (Mainz) für die Bereitschaft zur Aufnahme des Buchs in sein Programm. Last but not least sei dem Düsseldorfer Dominikanerkonvent Dank gesagt für die Ausrichtung der großen, diskursiven Geburtstagsfeier, ohne die es das vorliegende Buch gar nicht gäbe.

Einleitend dieser Veranstaltung sagte Victor Gisbertz OP, Prior der Düsseldorfer Dominikanerkommunität: „Je älter man wird, desto langanhaltender fällt der

[6] Gaudium et spes, 1.

Rückblick aus, desto mehr Beziehungen und Begegnungen gibt es, die das Leben bereichert und weitergeführt haben." Dass – „wenn der Herr will"[7] – viele dieser Beziehungen dauern mögen und neue Begegnungen statt haben, das sei an dieser Stelle unserem Mitbruder Paulus Engelhardt von Herzen gewünscht.

Düsseldorf/Berlin, am 1.1.2002

Thomas Eggensperger OP
Ulrich Engel OP

7 Jak 4,15.

Zur Hoffnungstheorie des Thomas von Aquin

Paulus Engelhardt

Meine Damen und Herren,
Sie sind trotz des abschreckenden Titels gekommen. So möchte ich den Titel erläutern:
Hoffnung in der *Einzahl* – das ist für jeden nüchternen Zeitgenossen Unsinn. Es ist doch Fünf vor Zwölf – nein: Fünf nach Zwölf. Die Weltmacht USA treibt die Vergiftung der Erde mit Beschleunigung weiter.
Theorie der Hoffnung? Hoffnung könnte eine Kraft sein, die zu vernünftiger *Praxis* motiviert. Brauchen wir eine Theorie dieser Kraft oder dieser Praxis? Allerdings gibt es Philosophien, die nicht dem Kult der zynischen Vernunft huldigen, sondern nach der Theorie einer vernünftigen Praxis suchen. Eine solche Theorie der Praxis nennt man Ethik.
Ist es aber sinnvoll, sich bei dieser gegenwärtigen Suche an den alten *Thomas von Aquin* zu wenden? Er lebte von 1224 oder 25 bis 1274. Von meinem Mitbruder Marie-Dominique Chenu lernte ich einen Thomas kennen, der sich in der Zeit des sozialen, geistigen und kirchlichen Umbruchs mutig dem Neuen öffnete.
So möchte ich die Leitfrage, ob der Umbruch zur Zeit des Thomas mit gegenwärtigen Umbrüchen zu tun hat, in bezug auf die Theorie der Hoffnung in *fünf Teilthemen* aufgliedern: Vernunft und Emotion, humanistisches und christliches Menschenbild, Grenzen der Selbstverwirklichung, Leistung und Gnade, Innerlichkeit und Weltverantwortung.

1. Vernunft und Emotion

Vielleicht kann man im allgemeinen sagen, dass heute Emotionen, Affekte, Gefühle entdeckt und zugelassen werden, aber leider oft in sehr reduzierter Weise; es ist zwar zu einfach zu sagen, es gehe nur um Sex und Crime, aber der alte Sigmund Freud mit seinen beiden Grundtrieben, dem erotischen und dem Todestrieb, scheint noch spät recht zu behalten.

Damals, zur Zeit des Thomas, gab es eine herrschende Lehrtradition, die gespeist war sowohl von den Auswirkungen des Platonismus und Neuplatonismus als auch von der spätgriechischen und römischen Philosophie der Stoa, die die Gefühle, die Affekte, die Triebimpulse denunzierte als „Krankheiten der Seele", so berichtet es etwa Cicero. Und diese Krankheiten der Seele, das Affektive, wird damit im Gegensatz gesehen zur vernunftbestimmten und gnadenbestimmten Tugend. Nun sind damals durch die sukzessive Neuentdeckung des Aristoteles neue Möglichkeiten entstanden, den Menschen ganzheitlich zu sehen. Nur zur Einordnung: Aristoteles lebte von 384 bis 322 v. Chr. Ganz erstaunlich ist, dass Thomas zunächst einmal die Hoffnung als Emotion, oder wie er sagt als *passio*, als παθος, als Erleidung und Leidenschaft beschreibt. Das Wort *passio*, *passiones* ist schwer zu übersetzen; wir haben uns daran gewöhnt, dafür Leidenschaften zu sagen, aber das Wortfeld von Leidenschaften ist enger als das von *passiones*. Es geht um Erleidungen, um Betroffenheiten von der Welt, es geht um Bewegungen des Lebendigen, und Thomas sagt ausdrücklich: von Tier und Mensch, das mit dem konfrontiert wird, was als lebensfördernd oder lebensbedrohend erscheint. Das heißt zunächst einmal ohne jeden moralischen Unterton: das Gute und das Schlechte.

Als Theologe ist Thomas an dem interessiert, womit es die Lebensvollzüge der Freiheit, die wir Tugenden nennen, und ihre Struktur zu tun haben. Das will ich an zwei Beispielen erläutern: so bekommt das erotische Verlangen sein Maß zwischen ungebremstem Drang, und das wird dann aristotelisch das Zuviel genannt, und dem Zuwenig, dem Mangel an Sensibilität gegenüber dem, was zu genussvollem Leben verlockt. Um es noch einmal deutlich zu sagen: *insensibilitas*, Unempfindlichkeit gegenüber dem Lustverheißenden, ist ein Laster, allerdings ein Laster, das keinen eigentlichen Namen hat. Und ein anderes Beispiel: die Tugend der Tapferkeit, bei den Griechen und den Mittelalterlichen weitgehend als kriegerische Tugend verstanden, allerdings von Thomas dann ausgeweitet bis zum Standhalten im Martyrium, diese Tugend der Tapferkeit steht in der Mitte zwischen unvernünftigem Draufgängertum und vernunftlosem Zurückweichen, Feigheit. Und wenn wir das auf die uns mehr interessierende Zivilcourage anwenden, lässt sich sehr schön darüber reden und nachdenken. Aber nicht nur Maßhaltung, *temperantia*, und Tapferkeit, *fortitudo*, bedürfen der Analyse jener Lebensbewegungen, die sie ja zu ordnen haben, sondern auch zwei der drei theologischen, unmittelbar gottbezogenen Tugenden, Hoffnung und Liebe, entsprechen Grundbewegungen des Lebens, die wir im Bereich des Emotionalen entdecken. Um diese Zusammenhänge zu durchschauen, vermag Thomas diese Grundbewegungen zu systematisieren. In dem Traktat über die *passiones*[1] erhebt Thomas einen sonst bei ihm seltenen Anspruch auf Vollständigkeit. Es gibt – ganz schlicht – elf Grund-*Passiones*, elf Grund-Erleidungen. Wie kommen die zustande? Die Elemente hat Thomas übernommen, die kennt er von Aristoteles' Rhetorik, Poetik, die kennt er aus der Stoa und anderswoher, aber die Systematik, etwas vorbereitet durch Albert den Großen, ist bei Thomas zum ersten Mal voll entfaltet.

1 S.th. I–II 22–48: DThA Bd. 10, 1955.

Welche *Grundbewegungen* können wir unterscheiden? Zunächst einmal, ganz allgemein: Liebe und Hass. Oder vielleicht besser übersetzt: Zuneigung, zu dem was als gut, das heißt lebensfördernd erscheint, und Abneigung gegenüber dem, was als schlecht, lebensbedrohend erscheint. Diese beiden Grundbewegungen werden nun konkret in der *Zeitlichkeit* unseres Seins. Dabei tritt die Vergangenheit mehr zurück als uns das vielleicht lieb ist, denn Thomas ist wohl der Meinung, dass die Vergangenheit nur Bedeutung hat für das Leben, insofern sie gegenwärtige Wahrnehmungen prägt, die dann wieder unser Unterwegs-Sein zur Zukunft bestimmen. Damit habe ich schon die *Zukunft* genannt, das, was auf uns zukommt, und das unterscheidet Thomas vom Gegenwärtigen. Gegenwärtig ist – und das ist heute altbekannt – Lust- und Unlustzustand, aber wie sind die Grundbewegungen dem gegenüber, was auf uns zukommt? Seit Platon gibt es ein Viererschema: Lust und Unlust in der Gegenwart, Begierde oder Hoffnung und Furcht im bezug auf das Künftige. Nun übernimmt Thomas, um seine Systematik durchzuführen, ein weiteres Element, das sich in der Philosophie auch besonders seit Platon findet, nämlich die Unterscheidung des sinnlichen Seelenteils in das Begehrende, das ἐπιθυμητικον, und das Muthafte, das θυμοειδες. Thomas füllt nun diese Schemata und Unterscheidungen mit Beobachtungen der damaligen Tierpsychologie und mit Erfahrungen des menschlichen Lebens. Auch bei Tieren wird ja das Begehren, das Begehren der Nahrung, des Nistplatzes, des Geschlechtspartners, zum Kampf, wenn Widerstände entstehen. Wir Menschen verhalten uns anders in der alltäglichen Routine, und anders, wenn wir hohe Ziele auch gegen Widerstände anstreben. Terminologisch und sachlich ordnet Thomas diesen beiden Ebenen zwei Arten des sinnlichen Strebevermögens zu, die *vis concupiscibilis*, die Begehrungskraft, das Begehrungsvermögen, und die *vis irascibilis*, das Zornmütige, das kämpferische Vermögen. Das Unterscheidungsmerkmal zwischen der bloßen *vis concupiscibilis* und dem schlechthin Begehrten oder Gefürchteten und dem, wozu es Zornmut und Kraft braucht, nennt er das *arduum* (wörtlich: das Steile). Ich bin nicht in der Jugendsprache zuhause, ich habe mir sagen lassen, das vor längerer Zeit es einen „steilen Zahn" gab und so weiter, aber das Steile ist hier das schwer Erreichbare, und wenn es um Bedrohliches geht, das schwer Überwindbare. Und aus diesen Elementen ergibt sich eine Grundeinteilung:

Grundbewegungen: Liebe und Hass, Zuneigung und Abneigung; in bezug auf einfach auf uns zukommendes Künftiges: Verlangen und Flucht; in bezug auf auf uns zukommendes schwer Erreichbares oder schwer Überwindbares: wenn das schwer Erreichbare von mir als mir unmöglich angesehen wird, gerate ich in Verzweiflung – Verzweiflung hier nicht gemeint als allgemeiner Zustand, sondern wir sagen vielleicht Kapitulation vor einer Aufgabe; und wenn etwas schwer erreichbares zukünftiges Gutes mir möglich erscheint, sprechen wir schon im emotionalen Bereich von Hoffnung. Wenn nun das Schwere schwer überwindbar Bedrohliches ist, gibt es auch wieder die Unterteilung: Wenn ich es als mir möglich ansehe, die Gefahr zu überwinden, nennt er das Kühnheit, und wenn es mir unmöglich erscheint Furcht oder Angst. Übrigens ist hier interessant, wie Kühnheit und Hoffnung als zwei Seiten derselben Medaille auftauchen. In der Gegenwart spielt zunächst einmal das Schwierige gar keine Rolle, denn wir sind am Ziel: wenn das Gute erreicht und besessen ist, herrscht Freude oder Lust, oder körperlich: Wohlgefühl; wenn das gefährliche Bedrohliche über uns gekommen ist, herrscht Trauer, körperlich Schmerz. Jetzt haben wir erst einmal zehn, und dann gibt es noch ein elftes: Wenn nämlich etwas gegenwärtig ist, was ich nicht einfach als Schmerz über mich ergehen lasse, sondern wogegen ich mich auflehne, dann gibt es noch die elfte Emotion, den Zorn. Jetzt können wir schon sagen: Aus dieser Analyse, von der Thomas meint, sie sei so bekannt, dass wir sie als Grundlage für weitere Überlegungen nehmen können, lassen sich die Gegenstandsbestimmungen der Hoffnung ableiten: Der Gegenstand, das, worum es geht, in der Hoffnung, ist: erstens ein *bonum*, ein Gutes. Zweitens: ein noch nicht besessenes Gut ist ein künftiges, *futurum*. Ein nicht einfach zu erreichendes Gutes, sondern ein schwer zu erreichendes, ist ein *arduum*. Und schließlich – in Abgrenzung von der Verzweiflung – ein mir Mögliches, *possibile mihi*. Das war eine erste Ebene.

2. Humanistisches und christliches Menschenbild

Die weitere Ebene habe ich überschrieben: *Humanistisches und christliches Menschenbild*. Das Emotionale ist ja die Grundlage für weitere vernunftbestimmte Haltungen oder Tugenden. Ich sprach schon von der Kardinaltugend der Tapferkeit. Aber wenn wir von heute ausgehen, was ist dann das menschlich Große? Die Starken, die Reichen und die Schönen. Und Bilder dieser Eigenschaften sind dann Stars, und jeder Star hat seine Fans, ob das im Sport ist, im Tanz, im Gesang oder wo immer. Thomas allerdings hat eine andere Situation. Ich sagte schon: es geht ihm nicht nur um die Selbstverständlichkeit von Emotionen im Bereich des Sinnlichen, sondern um die Bemühung, das Sinnliche aufzuwerten, eine Bemühung, die er von Aristoteles übernimmt. Und so ist dann auch in dieser Aufwertung die Tugend, die Tauglichkeit, das rechte Verhalten bestimmt vom rechten Umgang mit diesen Emotionen. Was das für die Tapferkeit bedeutet, hatte ich schon gesagt: Tapferkeit ist ver-

nunftbestimmter Einsatz für schwierige Ziele, Bereitheit zum Kampf auch mit Verwundungen, aber auch zum Standhalten. Josef Pieper, der vieles und Gutes über die Tugenden bei Thomas geschrieben hat, hat uns in der Nazizeit – wir waren damals Jugendliche – beigebracht, dass nicht die Aggressivität der Nazis[2], sondern das Standhalten, das bis zum Martyrium führen kann, das Größte der Tapferkeit ist.
Aber dieser Tapferkeit ordnet Thomas noch eine Tugend zu, die Aristoteles systematisch an anderer Stelle bringt, die für Thomas aber eine Hochform der Tapferkeit ist: die *magnanimitas*, die μεγαλοψυχια (deutsch: die Großgesinntheit, mittelalterlich deutsch: der hohe Mut).[3] Und jetzt bekommt er ein Problem, denn der Hochgesinnte bei Aristoteles ist, wenn ich es etwas vereinfachend sagen darf: ein Machotyp mit Würde. Gut, das ist schon etwas. Er wird geschildert als einer, der gravitätisch einherschreitet, mit tiefer Stimme das wesentliche, was er zu sagen hat, sagt, den Leuten da unten vieles nicht sagt, weil sie es doch nicht verdienen, dass es ihnen gesagt wird. Er ist also ein Massenverächter. Trotzdem imponiert dem Thomas diese Gestalt; er sieht durchaus als Christ zwei Gefahren: Wie ist dieser hohe Mut vom Hochmut zu unterscheiden, von der Urverfehlung des Menschen: Ihr werdet sein wie Gott? Diese scharfe Abgrenzung von hohem Mut und Hochmut ist nur möglich, wenn der hohe Mut mit Demut verbunden ist. Hier sieht man, wie Thomas die aristotelische Tradition, die für ihn in einer Renaissance auflebt, mit der christlichen Tradition zu verbinden sucht, denn Demut ist eine Grundtugend des Neuen Testaments. Thomas kriegt es fertig, beides – den hohen Mut und die Demut – miteinander zu

[2] Josef Pieper, Vom Sinn der Tapferkeit, Leipzig 1934. Spätere Auflagen erschienen in München.
[3] S.th. II–II 129: DThA Bd. 21, 1964.

verbinden, denn wir sollen uns nicht kleiner machen, als wir sind. Wir dürfen unsere Gaben, Fähigkeiten, Leistungen selbst anerkennen, wenn wir sie als Gaben Gottes annehmen und nicht als aus uns selbst produzierte Leistung.

Wahrscheinlich ist der Zusammenhang von Großgesinntheit und Demut auch ein persönliches Problem gewesen. Wir erfahren zwar nicht sehr viel direktes über die Persönlichkeit des Thomas, aber es gibt so Andeutungen, die zeigen, dass er es mit den Mitbrüdern, die ihm Fragen stellten, auch manchmal schwer hatte. So beendet er eine Antwortepistel mit: Und nun lebe wohl für lange Zeit. Nun, in der feudalen Gesellschaft ist diese Großgesinntheit gemessen an der Ehre. Vielleicht ist die Ehre uns fremd geworden, denn ihre Spätausläufer im Duell und ähnliches nehmen wir wohl nicht ganz so ernst; manche sagen, anstelle der Ehre sei das Prestige getreten. Vielleicht kann man philosophisch grundlegender sagen, an die Stelle der Ehre ist die Anerkennung und – jetzt gebrauche ich einen hegelschen Ausdruck – der Kampf um Anerkennung getreten.[4] Das ist kein Zufall, denn seit der idealistischen Philosophie, also seit Fichte, geht ja das Verständnis des Menschseins vom Subjekt aus; man muss dann von der Subjektivität zur Intersubjektivität, zum Miteinander der Subjekte gelangen, und da ist die gegenseitige Anerkennung der wichtigste Schritt. Aber Thomas hat eine andere Lösung, die ganz schlicht ist: Der Demütige kann sich selbst bejahen, weil er von Gott bejaht ist. Ob diese Lösung einem Nichtgläubigen möglich ist, wage ich zu bezweifeln.

[4] Vgl. Axel Honneth, Kampf um Anerkennung, Frankfurt/M. 1994.

3. Grenzen der Selbstverwirklichung

Und so stoßen wir in einem dritten Punkt an die *Grenzen der Selbstverwirklichung*. *Heute* sind wir ja in der Spannung des auf sich gestellten Menschen zwischen Machbarkeitswahn und oft totaler Resignation. Hier spielt die in vielen Existenzen ungelöste Sinnfrage eine große Rolle: Wer bin ich, wozu lebe ich, lohnt es sich, für so etwas zu leben, lohnt es sich für mich zu leben?
Die Sinnfrage ist eine neuzeitliche Frage, *damals* wurde die Frage, die kritische Frage nach dem Menschsein anders gestellt. Der Mensch wurde im Mittelalter von vornherein angesehen als ein Grenzwesen zwischen Geist und Materie, zwischen Ewigkeit und Zeit. Und dieses Grenzwesen wurde in die Welt eingeordnet und die Welt wurde teleologisch betrachtet, das heißt, alle Dinge der Natur sind von ihrem Wesen her auf Ziele ausgerichtet. Das ist eine Übernahme griechischen Denkens. Aber ab der ersten Hälfte des 13. Jahrhunderts entsteht eine Frage, deren Ursprünge älter sind, aber die jetzt aktuell wird, nämlich: wenn wir als Glaubende voraussetzen, dass wir unsere letzte Lebenserfüllung, unsere letzte Sinnerfüllung in der ewigen, liebenden Schau Gottes finden, lässt sich philosophisch nachweisen, dass wir zu dieser Schau berufen sind?[5]
Hier finden wir ein Lebensthema von Thomas, über das er keinen eigenen Traktat geschrieben hat, das aber alle seine Schriften und Überlegungen durchzieht.[6] Ich möchte dieses Lebensthema nennen: die Dialektik des endlichen Geistes. Als Geistwesen, das definiert ist

[5] Vgl. Paulus Engelhardt, „Desiderium naturale“, in: Historisches Wörterbuch der Philosophie Bd. 2, Basel 1972, Sp. 118–130.

[6] Vgl. ders., Menschwerdung des Wortes und menschliches Verlangen nach Wahrheit, in: Albert Zimmermann (Hrsg.), Thomas von Aquin. Werk und Wirkung im Licht neuerer Forschung (Miscellanea Mediaevalia Bd. 19), Berlin – New York 1988, 1–12.

durch universale Offenheit, wohnt dem Menschen seiner Natur und seinem Wesen nach ein unbegrenztes Verlangen inne, nach Glück, nach Erkenntnis. Und der Mensch erfährt, dass er nur endliche Erfüllungen findet. Dieses Spezifikum des endlichen Geistes, immer über sich hinauszustreben und doch nur endlich begrenzt zu sein, ist der Inhalt dieses *desiderium naturale*. Greifen wir noch einmal auf den Traktat der Erleidungen zurück, der *passiones*, dort ist *desiderium* das einfache Hinstreben zu dem noch nicht Erreichten, noch nicht Gegenwärtigen. Aber wenn dieses *desiderium* unbegrenzt ist, unendliches Glücksverlangen, unendliches Wissensverlangen, dann stoßen wir auf Grenzen, Grenzen, die sich nicht definieren lassen, Grenzen, die unsere Existenz bestimmen. Es gibt einen Text in der Summe gegen die Heiden[7], wo Thomas in einer sonst bei ihm seltenen Weise mitfühlt mit den *praeclara ingenia*, mit den herrlichen Geistern der Antike – und er denkt vor allem an Aristoteles, der das Glück und die Lebenserfüllung fast nur in der Begrenztheit der *Polis*, des politischen Lebens, sucht und findet. Was Aristoteles dann über die Sonderstellung des schauenden Philosophen sagt, lasse ich hier einmal aus. Der Mensch erreicht also sein Glück endgültig aus sich nicht. Und wenn er nur den Sinn in sich selbst sucht und um sich selbst sich dreht, dann erfährt er, um mit Luther zu sprechen, das „*cor incurvatum in se ipsum*", das in sich selbst zurückgedrehte Herz.

4. Leistung und Gnade

Nun ist eine wichtige Frage auch der Thomasinterpretation: Kann das Ernstnehmen der Sinnfrage in der Ge-

[7] ScG III 48: Summe gegen die Heiden (Lateinisch-deutsche Ausgabe), Bd. 3/1, Darmstadt 1990, 200f.

stalt des *desiderium naturale*, des unendlichen Verlangens nach Glück und Wissen, auch zur Hoffnung führen? Darüber ist lange Jahrzehnte diskutiert worden, ich werde diese Diskussion hier nicht aufgreifen, aber einen weiteren Gesichtspunkt einführen: Ist Lebenserfüllung, Erreichen des Lebensziels, überhaupt als menschliche Leistung möglich, oder ist es nicht Gnade?

Wer mit Bewusstheit die Konsenserklärung über die Rechtfertigung zwischen Lutheranern und Katholiken am 31. Oktober 1999 verfolgt hat, der hat *heute* neu erfahren, dass wir hier theologisch gemeinsam eine Alternative zur Leistungsgesellschaft finden – Geschenk, nicht Leistung. Allerdings weiß ich jetzt nicht – und ich will jetzt nicht in die Intimitäten des religiösen Bewusstseins vorstoßen – ob Katholiken auch noch manchmal unter dem leiden, unter dem Martin Luther gelitten hat, nämlich dem Forderungscharakter religiöser Pflichten und dem Überforderungscharakter religiöser Leistungen. Die befreiende Erkenntnis Martin Luthers, die auch befreiende Erkenntnis für uns sein kann, ist: das Evangelium ist nicht Überforderung, sondern Geschenk.

Wie hat man aber *damals* reagiert? Jetzt muss ich wieder etwas formal sprechen. Es war selbstverständlich, von Paulus her, dass es drei Gott unmittelbar erreichende Tugenden gibt, auch theologische Tugenden genannt: Glaube, Hoffnung und Liebe. Und es geht hier um die *theologische Stellung der Hoffnung*. Hoffnung ist Bewegung in die *Zukunft*. Augustinus hat schon Anfang des 5. Jahrhunderts die Hoffnung unterschieden vom Glauben: Glaube ist objektivierbar, als Kirchenglaube, dem wir uns anschließen können, Hoffnung ist nicht objektivierbar. Sie ist nur und unübertragbar auf den Einzelnen bezogen.

Das, was die Tradition nach Augustinus über die *Hoffnung* sagt, hat Luther in sein *Glaubens*verständnis übernommen.[8] Fiduzialglauben nennen wir das: Gott hat mir vergeben aufgrund des Kreuzestodes Jesu Christi. Nun kam aber ein Problem in die früh- und hochmittelalterliche Diskussion herein: Können wir die Hoffnung nur auf die Gnade Gottes beziehen, darin begründet sein lassen? Oder, wenn die Hoffnung zur Erfüllung führen soll, müssen wir dann nicht auch Verdienste haben, wirken? Dieses Hineinspielen der Verdienste in die Hoffnungsbegründung finde ich zum ersten Mal bei dem Benediktinermönch Paschasius Radbertus in einer Novizenbelehrung, die er gegen Ende seines Lebens gegeben hat. Er lebte um 790 bis 859. Ob seine Überlegungen sich unmittelbar ausgewirkt haben, weiß ich nicht, aber wir finden dann im 12. Jahrhundert eine ganze Reihe von Sentenzen, das heißt von definitorischen Erklärungen, die meistens auf Augustinus zurückgehen oder auch auf andere Kirchenväter, und die die Grundlage weiterer theologischer Diskussion bilden. Und dann hat ein sehr maßgebender Lehrer, der sogenannte Sentenzenmeister Petrus Lombardus, im 12. Jahrhundert aus diesen Elementen seiner Zeit eine Definition der Hoffnung zusammengestellt. Ich zitiere sie übersetzt und abgekürzt: „Hoffnung ist die gewisse Erwartung der künftigen Glückseligkeit, die aus Gottes Gnade kommt und aus den Verdiensten, welche entweder dieser Hoffnung vorausgehen (geht ihr doch der Natur nach, nicht der Zeit nach, die Liebe voraus) oder der erhofften Wirklichkeit, also der endgültigen Erfüllung."[9] Im zwölften Jahrhundert hat man sich mit dieser Definition des als Theologen gar nicht so bedeutenden, aber ungeheuer wirkungsvollen Sentenzenmeisters herumgeschlagen, und es entstanden Anfang des 13. Jahrhunderts, auch

[8] Vgl. Stephanus Pfürtner, Luther und Thomas im Gespräch. Unser Heil zwischen Gewissheit und Gefährdung, Heidelberg 1961.

[9] Sent. III 26.

schon im 12. Jahrhundert, zwei Hoffnungstheorien, oder genauer gesagt zwei Theorien der Hoffnungsgewissheit – worin ist diese begründet? Das eine ist die Theorie der *bedingten* Hoffnungsgewissheit. Sie ist intellektualistisch; da wird der Glaube, dessen Inhalt für wahr zu halten ist, als Voraussetzung genommen mit seiner allgemeinen Heilsverheißung, aber appliziert, angewendet auf mich wird dieser Glaube nur, wenn ich mich richtig, das heißt verdienstvoll, verhalte. Aber in der ersten Hälfte des dreizehnten Jahrhunderts bemühen sich die großen Lehrer zur Zeit des Thomas, aber auch schon vor Thomas, um eine *unbedingte* Hoffnungsgewissheit, wobei gesagt werden muss, das ist keine unbedingte Erfüllungsgewissheit – wir werden am Ziel ankommen – aber es ist die Gewissheit der tragenden Kraft auf dem Weg zum Ziel. Und in diese Linie stellt sich nun Thomas; er hat auch Respekt vor der klassischen Definition des Petrus Lombardus, aber gewinnt ihr ganz neue Aspekte ab. Sein (des Thomas) eigener systematischer Ansatz vermag die unbedingte Hoffnungsgewissheit zu begründen.
Die Grundstruktur jeder Hoffnung hatten wir schon im Leidenschaftstraktat in der Analyse der Emotion Hoffnung gefunden; es geht um das *Gute*, das *Künftige*, das *schwer Erreichbare*, das aber dennoch *mir möglich* ist. Ist mir möglich, das ewige Heil zu erreichen oder sicher auf dem Wege zu diesem Heil zu sein? Hier kann Thomas auch wieder eine aristotelische Vermittlung einbringen. Aristoteles sagt in seiner Nikomachischen Ethik: „Was durch die Freunde geschieht, ist gleichsam durch uns, denn der Grund ist in uns."[10] Da wäre lange darüber nachzudenken, was das für eine Freundschaftstheorie und -praxis bedeutet. Aber für Thomas geht es darum, dass Gott in seiner Selbsterschließung im ausgezeichneten Sinne sich zum Freund gemacht hat. Er wird dann in

[10] Eth. Nic. III 5: 1112 b 27f.

einem späteren Traktat über die Caritas, die Gottes- und Nächstenliebe, die *caritas* als Gottesfreundschaft definieren.[11]

Mit dieser Zwischenüberlegung erreicht Thomas zweierlei: einmal liegt die Möglichkeit, zur Gottesschau zu gelangen, nicht in mir, damit auch nicht in meinen Verdiensten. Zum anderen aber wird meine innere Bewegung durch die Freundschaftsverbundenheit mit Gott, die mir ein Maximum an Freiheit schenkt, *meine* Möglichkeit.

Damit ergibt sich eine Doppelstruktur dessen, worauf sich Hoffnung richtet. Was erhoffen wir? Es ist das höchste Gut, nämlich das ewige Leben, das einer erhofft. Und was ermöglicht diese Hoffnung? Die göttliche Hilfe, von der der Hoffende die Erfüllung erhofft. Ein ganz kurzer Text erklärt den Zusammenhang. „Es kann doch von Gott nicht weniger erhofft werden als Gott selbst."[12]

So ist die gewisse Erwartung, die *certa expectatio*, im Personalbezug zu Gott als Freund zu finden. Die Verdienste sind dann in der von Gott geschenkten Liebe und Gnade begründet, aber nicht der Grund der eigentlichen Hoffnungsgewissheit. Sie ist unbedingt allein in Gott begründet, in seiner Allmacht und Güte.

Diese Hoffnungsgewissheit ist nicht Erfüllungsgewissheit, sondern eine Gewissheit auf dem Wege. Sie ist die Tugend des Unterwegs-Seins. Ein Hoffnungsphilosoph des letzten Jahrhunderts, *Gabriel Marcel*, hat seine Hoffnungsphilosophie mit dem Titel *Homo viator*[13] überschrieben: *der Mensch auf dem Wege.*

[11] S.th. II–II 23,1: DThA Bd. 17A, 1959.

[12] S.th. II–II 17,2: DThA Bd. 16, erscheint 2002.

[13] Gabriel Marcel, Homo viator. Philosophie der Hoffnung, Düsseldorf 1949 (französisches Original: Homo viator. Prolégomènes à une métaphysique de l'espérance, Paris 1944).

5. Innerlichkeit und Weltverantwortung

Wir haben jetzt vielleicht Schwierigkeiten. Die Konzentration auf den *Einzelnen* ist uns ja nahe gekommen, besonders durch die Reformation, aber diese Hoffnungsgewissheit des Einzelnen ist vom Konzil von Trient, das ja Antwort geben wollte auf die Reformatoren, nicht ganz verstanden worden.[14] Ich sage nicht, dass das Konzil von Trient geirrt hat, aber die Konzilsväter haben an den Reformatoren vorbeigeredet. Warum? Weil sie einerseits Glauben sehr intellektualistisch als Für-wahr-Halten von Inhalten ansehen und dann die lutherische Heilsgewissheit missverstehen als ein hier und jetzt zu erreichendes Gefühl „Ich bin im Heil Gottes". Und dagegen betont das Konzil von Trient: Wir können dessen nie ganz gewiss sein. Aneinander vorbeigeredet haben beide Seiten, weil es ihnen nicht um die Gewissheit des rechten, von Gott geschenkten, Auf-dem-Wege-Seins ging. Und *nun* sind wir, wenn wir den Rechtfertigungskonsens durchdenken, nah beieinander bei *dieser* Gewissheit.
Die reformatorische Tradition, die das „für mich" betont, „Christus ist für mich gestorben und hat mir die Vergebung geschenkt", hat sich im letzten Jahrhundert säkularisiert. Ich erinnere nur uns Ältere an Sprechweisen: in den sechziger und siebziger Jahren fragten wir und wurden wir gefragt nach der *gesellschaftlichen* Relevanz dessen, was wir denken und tun. Heute hören wir immer mehr: Was bedeutet das für *mich*? Ich möchte nicht behaupten, dass wir heute die Weltverantwortung vergessen haben, aber sie zeigt sich in neuer Form, nicht mehr im Strukturdenken der sechziger und siebziger Jahre, sondern in der aus dem Innern kommenden Verantwortung, aus dem *Gewissen*. Und das Gewissen ist ei-

[14] Vgl. Stephanus Pfürtner, Luther und Thomas im Gespräch, a.a.O. (Anm. 8).

gentlich erst in seiner Bedeutung für die Ethik im 12. Jahrhundert entdeckt worden, durch Petrus Abaelard, ist von Thomas aufgenommen und von Luther auf einen Höhepunkt gebracht worden. Thomas verbindet die Lehre vom persönlichen Gewissen mit einer differenzierten Analyse menschlicher Handlungen, in denen er Sachbezug und subjektive Intention zusammenzubringen versucht, das heißt die Zielbestimmtheit unseres Handelns in den wirklich zu erreichenden Sachen mit dem, was wir von innen her als erreichenswert ansehen, verbindet.

Was nun nach Thomas für jede innere Handlung gilt, gilt für die Hoffnung in ausgezeichneter Weise. Sie ist Hinordnung auf das letzte Ziel. Mit Augustinus betont Thomas mehrfach, das die Hoffnung im eigentlichen Sinne sich nur auf den Hoffenden bezieht, aber er fragt auch: Können wir *für andere* hoffen?[15] Da antwortet Thomas: Wenn es um den eigentlichen Gegenstand der Hoffnung, das eigentliche Ziel geht, nämlich das ewige Leben, kann ich für den anderen nur hoffen, wenn ich mit ihm in Liebe verbunden bin, denn dann wird aus dem Hoffen *für* ihn ein Hoffen *mit* ihm.

Dieser *Sozialbezug des Hoffens* ist seit den Theologien der Hoffnung (Jürgen Moltmann in den 60er Jahren[16]) immer stärker betont worden und dürfte nicht vergessen werden. Thomas gelingt es meiner Meinung nach nicht ganz, diesen Sozialbezug, dass das Einzelwohl nur im Gemeinwohl zu erreichen ist, aus der politischen Philosophie in die Theologie zu übertragen. Es gibt aber Andeutungen dieser Übertragung, etwa in der Schrift *De regimine principum.* Dort sagt Thomas[17]: „Nun ist es

15 S.th. II-II 17,3.

16 Jürgen Moltmann, Theologie der Hoffnung, München 1964.

17 De reg. princ. I 15 (bzw. 14): Über die Herrschaft der Fürsten, eingeleitet von Ulrich Matz, Stuttgart 1981; vgl. Dominikanische Quellen und Zeugnisse Bd. 6 (in Vorbereitung).

nicht das letzte Ziel der zusammengefügten Menge, gemäß der Tugend zu leben, sondern durch ein tugendhaftes Leben zum schauenden Genuss Gottes zu gelangen.“ Thomas kennt andeutungsweise, aber nicht zentral, eine soziale Hoffnung, ja sogar eine kosmische Hoffnung, so etwa im letzten Kapitel des großen vollendeten systematischen Werkes, der *Summe gegen die Heiden.*[18] Thomas hat, und das sage ich als meine Enttäuschung an ihm, in der Schöpfungslehre die Eigenständigkeit der Welt entfaltet, aber in der Hoffnungslehre sind die innerweltlichen Hoffnungsgegenstände nur Instrumente zur Erreichung des ewigen Zieles. Hier wird keine volle Weltbejahung erreicht. Gut, man kann mit Teilhard de Chardin weiterdenken, aber das ist jetzt nicht mein Thema. Auf jeden Fall müssen wir angesichts der Globalisierung weiterfragen. Die von mir sehr geschätzte Theologin Dorothee Sölle versucht zum Beispiel in ihrem neuen Buch *Mystik und Widerstand*[19] die Suche nach persönlicher Spiritualität, zu der auch die Hoffnung auf endgültige Sinnerfüllung gehört, als Kraftquelle mit der und für die Weltverantwortung zu erfahren und zu denken. Die Frage gebe ich an Sie weiter, wie weit uns Thomas von Aquin zum weiteren Fragen und Zusammendenken helfen kann; ich wiederhole: die Eigenständigkeit der Emotion, heute auch Betroffenheit genannt, die maßgebende Vernunft, die christliche Durchformung des Menschlichen, also der menschlichen Größe durch Demut, das Überschreiten von erkannten Grenzen im Vertrauen auf die Gnade, die Weltverantwortung aus Kraft der Innerlichkeit sind Themen zum Weiterdenken.
Ich danke Ihnen für Ihre Geduld.

[18] ScG IV 97: Summe gegen die Heiden (Lateinisch-deutsche Ausgabe), Bd. 4, Darmstadt 1996, 558ff.

[19] Dorothee Sölle, Mystik und Widerstand, Hamburg 1997.

Diskussion und Aussprache

(Moderation: Hans Waldenfels)

Zuhörerin: Ja, ich fand das Referat natürlich phantastisch, wobei nicht alle Details bei mir hängen geblieben sind, aber mir ist dazu ein Zitat eingefallen, das ich in einem Franziskanerkloster in Villach gelesen habe. Ich wollte Sie fragen, ob eine derartige Verkürzung, von der Ausrichtung auf die Ewigkeit, zulässig wäre. Auf dem Poster stand ein Zitat von Mark Twain: „Gib jedem Tag die Chance, der beste deines Lebens zu werden". Sind da nicht die Elemente der Demut und der Gnade, aber auch der Eigenverantwortung mit drin? Kann man das so sagen, oder ist das zu eng?

Engelhardt: Ja, ich kann dem nur zustimmen, ich möchte allerdings eine Unterscheidung anbringen. Das Irdische und das, was ich jeden alltäglichen Tag tue, ist dann mehr als nur ein Mittel zum ewigen, jenseitigen Ziel. Ich glaube, wir können das schon bei Thomas selbst, aber z.B. auch bei seinem Schüler Meister Eckhart lernen: der Wille Gottes hier und jetzt, sensibel erfasst in der Begegnung mit dem Nächsten und mit mir selbst, ist ein Schritt auf dem Wege, und da kann Hoffnung als Tugend des Weges kräftigen. Ich weiß nicht, ob das auf Ihre Frage jetzt eingeht, sonst fragen Sie nach.

Waldenfels: Ich will folgendes fragen: Pater Paulus ist ja von seinem Fach her Philosoph, zur selben Zeit eben durch seine Ordenszugehörigkeit und seine ganze andere Existenz Theologe; die Hoffnung ist einerseits beschrieben im Umfeld der *passiones* und auf der anderen Seite theologale oder theologische Tugend. Meine Frage wäre jetzt, und das frage ich jetzt nicht als Moderator, sondern als einer, der ja auch hier im Gespräch mit anderen Religionen steht: kann ich die These oder die Theorie, die Hoffnungstheorie des Thomas, so weitergeben? Ich würde sagen, ja. Wenn ich jetzt aber daran denke, dass im vergangenen Jahr uns ein Dokument auf den Tisch gegeben worden ist, *Dominus Jesus*, frage ich: Spielt für diese Hoffnungstheorie der christologische Aspekt überhaupt eine Rolle? Oder kommt man nicht im Grunde genommen ohne ihn aus, so dass man gerade deshalb mit anderen in ein neues Gespräch eintreten kann, weil eben diese christologische Seite fehlt. Es ist ja auch immer wieder gesagt worden, dass an bestimmten Stellen das Christologische bei Thomas aufhöre …

Engelhardt: … oder es fängt noch gar nicht an!

Waldenfels: … daher würde ich meinen, dass da auch ein Aktualisierungsbedarf sichtbar wird, der mich jetzt vielleicht persönlich berührt, aber so lange sich niemand anderes meldet, darf ich auch meine eigenen Fragen einmal anmelden.

Engelhardt: Ich habe das ausgelassen, was Thomas zum christologischen Bezug der Hoffnung sagt, und das ist auch nicht in der systematischen Abhandlung enthalten, sondern in vielen Bemerkungen, vor allen Dingen seiner Bibelkommentare. Nun hat man eine Zeitlang Thomas vorgeworfen, dass er so etwas wie den Traktat „Glaube, Hoffnung, Liebe" schreiben kann, und damit auch das Lebensbestimmende darstellt, bevor er im dritten Teil der Summa über Christus als den Weg spricht. Thomas hat sicherlich nicht aus Versehen die Christologie an den Schluss gestellt. Wie beides zueinander zu ordnen ist, dafür gibt es jetzt eine ausgezeichnete neue Arbeit von Wilhelm Metz über die

Architektonik der Theologischen Summe[20] (ist nicht verwandt mit einem anderen Metz, der bekannter ist), und der versucht zu zeigen, dass es eine durchgehende Linie gibt, die die Mitte findet in der Lehre von der Liebe, von der Gottesliebe, so dass, was vorher steht, auch der Traktat über die Hoffnung, letztlich in der Gottesliebe aufgehoben ist – und ich habe das angedeutet mit dem Brückenschlag „Freundschaft mit Gott" – und dass andererseits die Konkretisierung der Liebe Gottes in seiner Gegenwart in Christus dann folgt. So meine ich, lässt sich Thomas in mancher Hinsicht im interreligiösen Gespräch einsetzen; wie weit er selbst interreligiöse Gespräche geführt hat, ist umstritten, weil die Publikumszuweisung der Summe gegen die Heiden nicht ganz klar ist. Man meinte eine Zeit lang, dass diese Summe, von der ich nur kurz sagte, sie sei das einzige vollendete systematische Werk, als Missionspredigthilfe für die Mission in Spanien gedacht gewesen wäre. Das scheint sich aber nicht zu bewähren, sondern, wenn er dort, soweit es möglich ist, die *veritas catholicae fidei*, die Wahrheit des katholischen Glaubens, mit Vernunftmitteln bestimmt und sich damit mit den großen, vor allen Dingen arabischen Philosophen auseinandersetzt, dann ist das jedenfalls ein Ansatz, der weiter zu verfolgen wäre, so dass ich dann also konkret auf die Frage mit dem Verweis antworte: Versuchen wir einmal, die *Summa contra Gentiles* unter dem interreligiösen Aspekt zu lesen, sie ist übrigens schon sehr früh in Japan übersetzt worden.

Zuhörer: Der Philosoph Bloch hat ja ein Buch geschrieben: „Prinzip Hoffnung"; ich wollte fragen, obwohl

[20] Wilhelm Metz, Die Architektonik der Summa Theologiae des Thomas von Aquin, Hamburg 1998.

ich das Buch nicht gelesen habe, ob dieser Hoffnungsbegriff etwas mit dem gerade referierten Hoffnungsbegriff Thomas von Aquins zu tun hat.

Engelhardt: Da kann ich mit einem klaren Jein antworten. Bei Thomas gibt es keine Philosophie der Hoffnung; der philosophisch weitest gehende Ansatz in der Lehre vom Großgesinnten stößt deutlich an die Grenzen und erfordert die Übernahme des Geschenkes Gottes in Demut. Wir können von Bloch vieles lernen, z.B. die bei Thomas unterentwickelte gesellschaftliche Relevanz der Hoffnung. Allerdings hat Bloch, der sich manchmal als Atheist bezeichnete, auch seine Voraussetzungen, die ich nicht anders denn als Glaubensvoraussetzungen ansehen kann, nämlich die dynamische Entwicklungskraft der Materie. Und man müsste also im Gespräch mit Bloch, was auch seinerzeit geschehen ist, über die jeweiligen Voraussetzungen sprechen. Es gibt ein sehr interessantes Gespräch zwischen ihm und Karl Rahner.

Waldenfels: Man kann aber jetzt trotzdem an der Stelle weiterfragen: Ist der Gottesglaube als Voraussetzung bei Thomas ein Hindernis, um mit all den anderen zu sprechen, denen diese Voraussetzung fehlt – dieses Jein könnte man ja noch etwas weiter treiben. Die Frage ist doch: Sie haben jetzt Blochs selbstbezeichnende Atheismusposition in Frage gestellt, was sicherlich machbar ist, aber, wenn man jetzt die andere Position ernst nimmt – es gibt ja zusehends eine Anzahl von Menschen, die heute einfach sagen, Gott sei für sie keine Voraussetzung ihrer Lebensbestimmung mehr – wie komme ich dann mit dem Ansatz des Thomas von Aquin, der nun dezidiert die Gottesexistenz als Voraussetzung hat, weiter?

Engelhardt: Angesichts des *desiderium naturale*, das Thomas zunächst einmal als eine philosophische Wesensbestimmung des Menschen ansieht, unendliches Verlangen, das immer an Grenzen stößt, wenn ich das über die Jahrhunderte hindurch mit der heute gestellten Sinnfrage (die nicht dieselbe Frage ist, aber mit ihr verwandt) verbinde, dann denke ich, dass ein gemeinsames Suchen nach Sinn und Sinnbegründung hier der Weg wäre.

Waldenfels: Ja, aber wenn mir jetzt der eine seine Antwort sagt, und ich sage meine Antwort, und jetzt kommt mir der Buddhist und sagt mir: lass alles los, mach dich frei von Gedanken, von Bildern, von allem (was immer das dann bedeutet), und warte?

Engelhardt: Ich kenne mich im Buddhismus nicht sehr gut aus, möchte aber dennoch auf die Frage antworten. Das Warten, in Sich-Hinein-Horchen, ist etwas, das bei Thomas zwar nicht thematisch ausgeführt wird, aber wahrscheinlich ein Erfahrungshintergrund seines Denkens ist, der dann von seinen der Mystik zugerechneten Schülern weiter entfaltet wird. Und es gibt ja viele Versuche, gerade vom Kern mystischer Erfahrung her (aber da weißt du sicher besser Bescheid als ich), östliche Religionen mit Judentum, Christentum und Islam im Westen ins Gespräch zu bringen. Also vermute ich, dass es im Weg nach innen einen Kern der Gemeinsamkeit gibt.

Waldenfels: Die Rede war von der negativen Hoffnung, und es ist ja unbestritten, dass gerade im Hinblick auf Thomas von Aquin der Grundzug der negativen Theologie im letzten Jahrhundert wiederentdeckt wurde. Diese fragende Einstellung, die ja fast voraussetzt, dass es keine Antwort gibt, die ist sehr verbreitet in den vielfältigen Haltungen des Agnostizismus. Wie gehe ich denn (deswegen gehe ich jetzt auch nicht zu einem Buddhisten als Gesprächspartner, sondern ich gehe zu einem Zeitgenossen hier bei uns) mit denen um, die mich fragend nach dem Grund der Hoffnung angehen?

Engelhardt: Ich kann nur nochmals zurückverweisen, mit einer anderen Titulatur: Diese durchgehende Linie des *desiderium naturale* bei Thomas, die sehr mit seinen persönlichen Erfahrungen zu tun hat (das lässt sich sogar lexikalisch nachweisen) kann man bezeichnen als eine negative Theologie der Hoffnung, nämlich ein Sich-auf-den-Weg-Machen in Hoffnung auf das letzte Ziel, und an Grenzen stoßen. Und was dann an den Grenzen passiert, das lässt sich nicht mehr planen.

Zuhörer: Pater Paulus, können Sie einen Bogen schlagen von Thomas zur Aussage von Dante Alighieris Satz aus seiner Göttlichen Komödie: „Lasst alle Hoffnung fahren"?

Engelhardt: Zunächst einmal war Dante Thomist. Und dieser Punkt, der nicht mit Thomas anfängt, sondern schon bei Augustinus nachverfolgt werden kann – „Viele sind berufen, wenige auserwählt" – die meisten müssen durch dieses Schild „Lasst alle Hoffnung fahren" hindurch, das ist etwas, das bestimmte Theologen und Philosophen so nicht mittragen. Ich erinnere daran, dass der am Schluss seines Lebens als sehr konservativ bekannte Hans Urs von Balthasar wegen seiner Negation der ewigen Hölle einen Lehrstuhl verweigert bekam. Und man verweist zurück auf Origenes, den größten unter den frühen Theologen, der von ἀποκαταστασις παντων, von der Wiederherstellung

alles Geschöpflichen sprach. Und ich darf noch eine persönliche Erinnerung an deinen Mitbruder, Pater Wilhelm Klein SJ, anbringen, der, als er schon über hundert war, die neuen Besucher, die ihn noch nicht kannten, immer mit der Frage empfing: Wo ist Hitler? Es war ganz klar für ihn, dass Hitler im Himmel ist. Ja, für den Pater Klein; weil er nämlich von der Zuversicht „Gott wird alles in allem sein" so geprägt und überzeugt war, dass für ihn die Hölle, falls es sie gibt, leer ist.
Übrigens, in der Neuauflage des „Lexikon für Theologie und Kirche" wird er von Gisbert Greshake als möglicherweise größter Theologe des 20. Jahrhunderts bezeichnet, hat aber kein Buch publiziert.

Waldenfels: Ja, der hatte schon 1925 Sprechverbot. Er war Philosophieprofessor in Valkenburg.

Zuhörerin: Dass so wenig Fragen gestellt werden, liegt daran, dass der Vortrag sehr verständlich und vollständig war, das ist ein ausgesprochen positives Merkmal. Ich wollte Ihnen aber zur heutigen Zeit noch eine Frage stellen: Sie beschrieben ja sehr interessant den Unterschied der Relevanz des gesellschaftlichen Aspekts der Hoffnung in den sechziger Jahren und der heute so verbreiteten Introversion: Was ist das für mich? Ich denke, dass die Hoffnung „nur für mich" sehr unchristlich ist. Und die Ausgrenzung des Anderen aus der Hoffnung, das empfinde ich in der heutigen Zeit der Sinnsuche als einen Mangel an Glauben. Wenn ich dem anderen die Hoffnung nicht zugestehe, da würde ich gerne noch Ihre Meinung einholen bezüglich der heutigen Stellung zur Hoffnung.

Engelhardt: Können Sie Ihre Frage noch einmal in einem Satz zusammenfassen?

Zuhörerin: Es geht um das Thema „Hoffnung für mich alleine".

Engelhardt: Dazu möchte ich zwei Dinge sagen: Die Entwicklung auf die Einzelperson hin, die einen gewissen Höhepunkt auch bei Martin Luther hat, obgleich Martin Luther Gemeinde nicht unterschätzt hat (man darf ihn da nicht zu einseitig sehen), hat sicherlich in der abendländischen Geschichte wertvolles hervorgebracht. Das Ernstnehmen des/der Einzelnen in seiner/ihrer Situation, aber was wir eigentlich erst durch die Bibelwissenschaften wieder gelernt haben, gegenüber solchen Vorstellungen, dass das Neue an der Jesuspredigt die Ansprache an jeden Einzelnen sei: das stimmt nicht. Es geht im ersten und im neuen Testament um das Reich Gottes, um das Anbrechen der Gottesherrschaft. Und das ist ein Gemeinschaftsgeschehen, wobei in diesem Gemeinschaftsgeschehen die Verantwortung des Einzelnen gefragt ist, aber nicht, um sich um sich selbst zu drehen, sondern, um vielleicht heute aus tieferer Innerlichkeit als das früher im allgemeinen versucht wurde, solidarisch zu werden. Und, wenn ich also heute nicht nur über Hoffnung sprechen soll, sondern über die Lage, dann muss ich aus meinen letzten Erfahrungen sagen: Ich bewundere Menschen, die in ihre Tiefe gehen und aus dieser Tiefe soziale Verantwortung wahrnehmen, und die soziale Verantwortung (Stichwort Zwei-Drittel-Welt) ist sicherlich ein moralischer Fortschritt – es geht ja nicht alles den Bach herunter – aber sie ist gefährdet durch die Resignation. „Da können wir ja doch nichts machen". Und da hat wieder Hoffnung ihre Stelle, dass aus der persönlichen Erfahrung und dem persönlichen Handeln, wenn auch von unten her und nicht auf Regierungsebene, solidarische Strukturen entstehen. In der Richtung sehe und suche ich.

Waldenfels: Stichwort Israel und Palästina und ihre Versöhnung. Wie sehen denn da Ihre Hoffnungen aus? Wenn Sie sagen: „Ich übersetze die Hoffnung im allgemeinen erst einmal in die Hoffnung für uns“, was können wir heute für uns eigentlich noch erhoffen?

Engelhardt: Ich möchte zu dem angesprochenen Themenbereich zwei Dinge sagen: Ich habe auf meinen vielen Israel-Palästina-Reisen eine Reihe von Freundinnen und Freunden unter christlichen Palästinensern gefunden – eine fast übersehene Minderheit. Deren Basisarbeit für den Frieden ist ungeheuer. Sie sind jetzt mittlerweile auch der Verzweiflung nahe und bitten uns dringend, soweit wir Einfluss auf unsere Medien haben, die meist vergröbernde Darstellung des Konflikts zu überwinden zu einem Nachfragen nach den Ursachen und Gründen. Diese Freundinnen und Freunde sind sehr auf Zeichen unserer Solidarität angewiesen, was mich an andere bereits genannte Versöhnungsinitiativen erinnert, bei denen ungeheuer viel von der Basis her passiert. Wenn ich an einen Freund denke, der inzwischen gestorben ist, einen Polen, der erst sechs Jahre bei den Nazis und später bei den Kommunisten im KZ war: der ging auf uns zu, um uns die Hand zu reichen. Und da gibt es sehr vieles, was man da erzählen könnte. Das ist diese Basiserfahrung.
Ein zweites zum Verstehen: Ich bin gerade dabei, ein Papier zu Ende zu bringen, kein Buch (du hast mich nach Büchern gefragt, ich schreibe eigentlich keine Bücher; das ist meine Faulheit und kein Grund zum Selbstlob), ein Papier für ein inzwischen publiziertes Memorandum des *Bensberger Kreises* über Israel/Palästina.[21]

[21] Bensberger Kreis / Aktionskreis Halle, Sicherheit durch Frieden – statt Frieden durch Sicherheit, Manuskriptdruck 2001 (zu beziehen über: Josef Funk, Rathausstraße 36, D-88281 Schlier).

Ich habe darin einen kleinen Passus über die Hintergründe des Jerusalem-Problems verfasst und versuche, das für eine andere Publikation noch etwas auszuweiten. Da ist mir klar geworden, dass zwar unser Verlangen nach rationalen Kompromissen ein gewisses Recht hat, dass wir aber die Hintergründe der Konflikte meistens unterschätzen – ein Stichwort wären die Kreuzzüge, die zwar lange her sind, aber bis heute eine große Rolle spielen – und dass wir das verbinden: Fragen nach Geschichte und gegenwärtigen Möglichkeiten. Und wenn ich noch eines als Beispiel dazu sagen darf. Unsere Freundin Sumaya Farhat-Naser, die sehr fragt nach unserer Solidarität und nach unseren Informationsweitergaben, hat das Jerusalem Link gegründet, eine Zusammenarbeit zwischen jüdisch-israelischen und palästinensischen Frauen, die durch die momentanen Umstände kaum realisierbar ist, und sie hat mir vor einiger Zeit gesagt: Die Juden verlangen, dass wir die Shoa ernst nehmen. Ich bin auch dabei, meinen palästinensischen Mitstreiterinnen die Augen dafür zu öffnen, aber wir dürfen auch erwarten, dass die katastrophale Geschichte und Lage der Palästinenser von jüdischer Seite wahrgenommen wird. Das sind Richtungen der Basisinitiativen, die weitergehen müssen, aber ich will keine politische Prognose geben, denn die sieht zur Zeit düster aus.

Zuhörer: Sie haben die Parameter tiefe soziale Verantwortung einerseits und Resignation andererseits, und ich füge hinzu: Zynismus, gegenübergestellt. Ich glaube, das ist sehr wesentlich. Und ich meine, dass wir, wenn wir die Dinge bessern wollen, nicht bei der Analyse von Versöhnungsarbeit verbleiben sollten, sondern im Sinne des *ora et labora* zu einem aktiven Miteinander, nicht nur im Reden, sondern auch im Tun kommen müssen.

Engelhardt: Einverstanden, etwas miteinander zu tun ist ein wesentlicher Aspekt von Versöhnungsarbeit, und ich darf das noch ergänzen: Wir hatten vor einigen Jahren eine Diskussion mit einem Schweizer Rabbiner in Berlin bei *Pax Christi*, und als ich dann versucht habe, den Wandel unseres Denkens in bezug auf den einen Bund darzustellen, und damit eine Annäherung, antwortete der Rabbiner: Das ist alles schön und gut, aber fangen wir einmal an, gemeinsam etwas zu tun, dann merken wir schon, ob wir im selben Bund sind.

Waldenfels: Die sehr ruhige Diskussion zeigt, wie die Dame es eben auch schon gesagt hat, dass es gelungen ist, von der Hoffnung so zu sprechen, dass wir es hier verstanden haben. Das ist etwas, was ganz wichtig ist – manche machen viele Worte, und es bleibt trotzdem unverständlich, was gemeint ist. Ich glaube auch, dass ich sagen darf, dass etwas von seinem Herzen und seinem Herzblut in dem, was heute zur Sprache gekommen ist, steckt.
Wenn ich mir zum Schluss einen Schlenker erlaube: du hast den guten Wilhelm Klein genannt, der mit 106 gestorben ist – ich wünsche dir jetzt nicht nochmals 26 Jahre, wenn du übermorgen 80 wirst, aber ich wünsche dir, dass dich das nächste Jahrzehnt in geistiger Kraft erhält, dass du die Pläne, die du jetzt unmittelbar vor dir hast, gerade auch im Hinblick auf das in dieser unserer Menschheit zu fördernde Hoffnungspotential, verwirklichen kannst. du brauchst dich auch nicht zu verstecken mit dem, was du selber über die Hoffnung sagst. Das ist solch eine Fülle, dass wir hoffen, dass auch im neunten Jahrzehnt da noch ein kleines Buch daraus wird und wünschen dir jedenfalls weiterhin eine gute Zeit in der Gnade Gottes und in der Liebe der Menschen. Mit schlechtem Geld und

gutem Wein, wie du vom Jahr 1921 gesagt hast, muss es ja nicht sein, aber guter Wein sollte es schon sein. Wir wünschen ein gutes und frohes Fest!

Hoffnungen und Hoffnung

Paulus Engelhardt/Dorothee Sölle/
Fulbert Steffensky
(Moderation: Ulrich Engel)

Engel:
Lieber Paulus, du feierst heute deinen 80. Geburtstag. Zum Geburtstag gehören Geschenke. Geschenke können luxuriös ausfallen oder aber einfach und schlicht. Von Dorothee Sölle und Fulbert Steffensky gibt es ein kleines Büchlein, das über den Luxus handelt. Es trägt den Titel *Wider den Luxus der Hoffnungslosigkeit.*[1] Luxuriöse Geschenke der Hoffnungslosigkeit möchten wir dir, Paulus, heute natürlich nicht antragen, sondern eher ein paar kleine Gaben, vielleicht unscheinbar: Pointiertes und Nachdenkliches, auf jeden Fall unsere Gedanken, die wir hier miteinander teilen wollen.
In der Vorbereitung auf diese Diskussion habe ich mich gefragt: Gibt es so etwas wie eine Ökumene der Hoffnung? Ich bin überzeugt, dass das, was wir heute an deinem 80. Geburtstag tun, ein hoffnungsvolles Zeichen einer solchen Ökumene ist, einer Ökumene, die Menschen miteinander verbindet, über Grenzen hinweg, über konfessionelle Differenzen hinweg, aber auch über Religionsgrenzen hinweg. Und mehr noch ist der heutige Abend ein Ausdruck der ganz großen Ökumene des Friedens und der Gerechtigkeit, die dir immer ein Anliegen war.
Ich muss das Podium hier nicht weiter vorstellen. *Dorothee Sölle*, Theologin und Schriftstellerin, ist bekannt,

[1] Dorothee Sölle/Fulbert Steffensky, Wider den Luxus der Hoffnungslosigkeit, hrsg. von Matthias Mettner, Freiburg/Br. 1995.

sehr vielen. *Fulbert Steffensky*, Theologe, ist bekannt, ebenso – und du Paulus deinen Gästen allemal!
Wir haben uns vorgenommen, über Hoffnungen zu reden, Hoffnungsgeschichten, vielleicht auch Geschichten der Hoffnungslosigkeit zu erzählen. Wir wollen biographisch fundiert sprechen, so dass sich im Laufe unserer Diskussion alle Podiumsteilnehmer selbst präsentieren – nicht an Hand äußerer Daten und auch nicht mit Buchtiteln, die veröffentlicht worden sind. Vorstellen werden wir uns viel mehr in dem, was uns – die Einzelne und den Einzelnen – bewegt, vielleicht trägt, auf jeden Fall umtreibt, in dem, was zu unseren Hoffnungen und unserer Hoffnung hier und heute zu sagen ist.
Liebe Dorothee Sölle, lieber Fulbert Steffensky, ich eröffne unsere Diskussion, indem ich das Mikrophon für zwei einführende Statements freigebe.

Die Hoffnung ist eine Schwester der Liebe

Steffensky:
Liebe Gäste, lieber Paulus, du bist 1921 geboren, ich 1933, bin also verbrecherisch jung im Verhältnis zu dir. Wenn ich eine Summe ziehen sollte, was für die Hoffnung spricht in dieser Zeit und was gegen sie spricht, ich weiß nicht genau, was rauskommt.
Die Schulen sind besser geworden, ich glaube auch, dass die Universitäten besser geworden sind, das Verhältnis von Männern und Frauen zueinander ist besser geworden, das Verhältnis der Eltern zu ihren Kindern ist besser geworden. Die Kirche ist stärker ein Hort der Gerechtigkeit geworden, sie hat gemerkt, dass sie sich nicht nur mit der Macht verbünden kann, sie ist feministischer geworden, sie ist ärmer geworden, sie ist unselbstverständlicher geworden in diesem Land, also nicht von behäbiger Selbstverständlichkeit. Das sind schon Fort-

schritte in der Hoffnung. Dann ist ein großer Fortschritt, dass wir nicht mehr an den Phantomschmerzen der Getrenntheit der Konfessionen leiden, jedenfalls die Kirchenleute nicht; die Theologen und die Bischöfe noch eher. Das ist ein Grund zur Hoffnung.
Aber es gibt eine Gegensumme. Paulus, du bist 1921 geboren, ein Weltuntergang lag hinter uns in dem ersten großen Krieg. Dann kamen die Arbeitslosigkeit, die Inflation, die Armut mit der Verwahrlosung, die sie mit sich brachte, dann der andere Weltuntergang 1933–45; neue Kriege, der Golf, der Kosovo, die Globalisierung, neue nationale und globale Bedrohungen.
Wie war das eigentlich mit dem Regenbogen gemeint? Es war doch wohl nicht einfach nur der Fortbestand und der Fortschritt der Welt gemeint, die Garantie des guten Ausgangs! Vielleicht heißt hoffen gar nicht, auf den guten Ausgang setzen und an die Vermeidung ihrer Zerstörung glauben. Vielleicht werden einige Generationen nach uns Endzeitschrecken erleben, nicht mehr Luft genug zum Atmen haben, nicht mehr Brot genug zum Leben.
Gott scheint uns also nicht einfach zu behüten, und es tröstet mich wenig der Psalm, der mir verspricht, dass es mich nicht treffen wird, wenn auch Tausende zu meiner Linken und Zehntausende zu meiner Rechten fallen. Die Zehntausende sind eine große Frage an Gott. Rettet Gott uns und unsere Welt? Ehrlich gesagt, ich weiß es nicht, wenn ich die Augen offen behalte. Wenn ich sehe, was in diesem Jahrhundert an Lebensrettung unterblieben ist, dann hat man seine Zweifel. Etwas anderes kann man auch nicht: die Opfer Opfer sein lassen.
Die Folge der Unerklärbarkeit Gottes kann nicht eine fatalistische Erwartungslosigkeit sein. Die jüdische und die christliche Hoffnung setzen nicht darauf, dass der Tod und die Untergänge vermieden werden, sie setzen aber darauf, dass sie überwunden werden und dass es

eine endgültige Bergung des Lebens gibt. Sie setzen darauf gegen allen Augenschein, dass es Hoffnung gibt durch den Tod und durch die Untergänge hindurch. Man weiß nicht genau, was man sagt, wenn man dieses behauptet, aber mit dieser Behauptung, dass das Leben nicht in echolose Abgründe fällt, verlangt man von Gott, dass er Gott sei, dass er das Leben schützt und nicht verkommen lässt. Vielleicht fängt die schwere Kunst der Hoffnung erst da an, wo man nicht mehr sehen kann, worauf man sich verlässt, wo man nicht mehr sagen kann, worauf man hofft.
Die Frage nach der Hoffnung wird im Augenblick in unserem Land lamentös gestellt, weil *vor* allem Handeln. Erst will man in der Aussicht versichert sein, dass das Handeln gelingt, dass alles gut geht, dann allenfalls wird man handeln und seinen Teil zum guten Ausgang beitragen. Vielleicht sollten wir die Frage nach dem guten Ausgang vergessen, denn sie ist nicht beantwortbar. Es garantiert uns keiner, dass das Leben auf dieser Erde in absehbarer Zeit nicht kollabiert, auch kein Regenbogen, aber wir können tun, als hofften wir. Hoffen heißt auch, die Hoffnung spielen. Wir können handeln, als sei Rettung möglich. Zu tun, als gäbe es einen guten Ausgang, ist man einmal sich selbst schuldig. Man entwürdigt sich, man spricht sich selber Subjektivität ab, wenn man den Dingen ihre Lauf lässt und sie ihrem Unglück zutreiben lässt. Luthers Satz vom Apfelbäumchen, das er noch angesichts des Weltuntergangs pflanzen wollte, heißt ja nicht, dass er den Blick verloren hat für die untergehenden Welten. Es ist kein verblendeter Optimismus. Er ehrt sich selber, indem er sich als Handelnden begreift, als einen Menschen, der die Fähigkeit und den Auftrag hat, das Leben zu fördern.
Nicht allein der Erfolg rechtfertigt, was ein Mensch tut, es gibt Handlungen, die in sich selbst gerechtfertigt sind. Die Liebe und die Gerechtigkeit heiligen den Menschen,

nicht erst der Erfolg der Liebe und Gerechtigkeit. Sich um die Gewissheit des guten Ausgangs nicht zu kümmern und zu tun, als sei es schon sicher, dass unsere Arbeiten Erfolg haben, das sind wir auch unseren Nachkommen schuldig. Es ist nicht ausgemacht, dass unsere Mühe vergeblich ist; es ist nicht ausgemacht, dass alle Rettungswege verschlossen sind. Auf die Predigt Jonas von der bevorstehenden Vernichtung Ninives befiehlt der König Umkehr und Trauer und er sagt: „Wer weiß, vielleicht lässt sich's Gott gereuen und lässt von seinem Zorn, dass wir nicht untergehen."[2] Wer die Welt liebt, wer die Welt seiner Nachkommen liebt, wird sagen „Wer weiß …". Er wird – wenn schon nicht in einer ausdrücklichen Hoffnung, so doch in seinem praktischen Handeln – damit rechnen, dass das Leben, die Freiheit, die gerechte Verteilung der Güter und der Schutz der außermenschlichen Natur gelingen kann.

Hoffnung ist nicht hauptsächlich eine Sache theoretischer Einsicht oder gar einer Prognose, es ist eine Sache des Handelns. Ob ich ein hoffender Mensch bin, lässt sich kaum an meiner Prognose ablesen, sondern an meiner Praxis: die Hoffnung ist eine Schwester der Liebe. Sie wird nicht hauptsächlich ernährt durch gute Gründe, sondern durch die Güte des Handelns. Wer Kinder hat und sie liebt, wer Enkelkinder hat und sie liebt, der wird an ihrer menschlichen Zukunft bauen, nicht nur, weil diese Arbeit Erfolg hat, sondern, weil er liebt.

Vielleicht muss der zynisch werden, der viel weiß, aber aus der Rolle des Zuschauers nicht heraus kommt. Die Welt und der Lauf der Dinge leuchten dem nicht ein, der nur Zuschauer ist. Einem Hungernden zu essen zu geben, einen Kranken zu waschen, ein Kind zu trösten, vor einem Giftgaslager zu blockieren, das hat seinen Sinn in sich. An dieser Arbeit nagt der Zweifel nicht, oder

[2] Jona 3,9.

wenigstens weniger als an der Seele des reinen Zuschauers. Gegen den Tod kämpfen, schließt Lebenszweifel aus, vermindert die Frage der Hoffnungslosigkeit. Es ist merkwürdig, dass in den Texten von Martin Luther King oder von Helder Camara, die in ihrer Welt gekämpft haben für Freiheit und Brot der Armen, die Frage nach dem Erfolg ihrer Handlungen nicht auftaucht; die Frage nicht auftaucht, ob die Arbeit sinnvoll ist. Die Arbeit selbst, die sie getan haben, hat ihnen die Sucht, den Erfolg garantiert zu sehen, ausgetrieben.

Wir wissen nicht, wie die Welt wird, aber wir wissen, was aus ihr werden soll. Wir haben keine Garantie für die Zukunft, aber wir haben eine Reihe von Versprechungen, Vorstellungen, Visionen, Lieder, die eine Welt besingen, wie sie sein und werden soll. „Ich [Gott] will hinfort nicht mehr die Erde verfluchen", heißt es in der Genesis.[3] Und an anderer Stelle: „Die Steppe wird nicht mehr öde sein, die Blinden werden sehen, die Lahmen werden springen, und die Stummen haben ihren Gesang gefunden, das Recht wird fließen wie Wasser."[4]

Ich liebe die Kirche auch deswegen, weil sie ein Haus ist, das aus Geschichten vom Recht gebaut ist, aus Geschichten davon, dass die Lahmen tanzen und die Blinden sehen. Und diese Geschichten machen uns zumindest widersprüchlich in unserer Hoffnungslosigkeit. Wir haben eine Gegensprache, selbst wenn wir nicht an diesem Leben ablesen können, dass Hoffnung möglich ist, so haben wir die uralten Geschichten der Hoffnung. Unsere Kirchenräume sind schön davon, dass sie in ihnen hängen, in ihnen gehört und erzählt werden. Es gibt wenig Geschichtsnester, es gibt wenig Nester in unserer Gesellschaft, in denen die Geschichten der Freiheit für alle, die Geschichten des Brotes für alle erzählt

[3] Gen 8,21.

[4] Jes 35,6.

werden. Darin hat unsere Kirche einen großen Fortschritt gemacht, dass sie weiß, wohin diese Geschichten gehören und wer ihre ersten Adressaten sind.

Für eine Globalisierung von unten

Sölle:
Liebe Freundinnen und Freunde von Paulus, wir feiern heute miteinander ein Fest, und ich bin froh, dass dieses Fest den Namen Hoffnung trägt. Ich beginne mit einem Gedicht:

Street flower

Am straßenrand blüht eine malve
eine knospe ist beinah offen
altrosa wird sie sein
vielleicht schon morgen
Hätt ich geduld
ich würde warten
hätt ich aufmerksamkeit
ich rührte mich nicht vom fleck
hätt ich frömmigkeit
hier würde ich niederknien
Vielleicht schon morgen
könnt ich sehen nicht nur glauben
wie es einem mitgeschöpf gelingt
am straßenrand zum blühen zu kommen[5]

Sich zu erinnern, es wagen, neue Hoffnungen zu finden, das ist, so denke ich, uns allen wichtig. Ich möchte beginnen mit einem Gedanken aus der Tradition, dass nämlich die drei großen Wörter des Christentums, nämlich Glauben, Hoffen und Lieben, diese verrückten Anma-

[5] Dorothee Sölle, zivil und ungehorsam. gedichte, Berlin 1990, 100.

ßungen (als könnten wir das so einfach!) meistens als die geistlichen Tugenden dargestellt werden, im Gegensatz zu den natürlichen, wie Mut oder Tapferkeit. Das ist eine alte Unterscheidung, die ich eigentlich schön finde, denn sie machen etwas klar, nämlich, dass die Hoffnung nicht eine Leistung ist und auch nicht eine Über-Ich-Forderung, der dann das Ich so gerade irgendwie nachhinkt, sondern zuallererst ein Geschenk, ein Geschenk Gottes, des Gottes, der in uns sein will und in uns handeln will und in uns und mit uns sein kann. Das festzuhalten ist mir sehr wichtig.

Mir ist noch etwas anderes zur Hoffnung eingefallen, was mir immer schon Spaß gemacht hat, das ist der hl. Augustinus, der in seiner Psalmenauslegung und im 10. Buch der *Bekenntnisse* die in der Barmherzigkeit Gottes gegründete Hoffnung und nicht die Liebe als das entscheidende Kennzeichen christlicher Existenz preist.[6] Es hat mir natürlich Spaß gemacht, dass Paulus, an dem gerade die Protestanten ja so viel hängen, da einmal entthront und kritisiert wurde, und dass Augustinus in aller Frechheit sagt „die Hoffnung“, und nicht „die Liebe“. Es hat mich nachdenklich gemacht, was das heißen soll, und wir haben ja eben schon von Fulbert eine schöne Kritik an den Erfolgszwängen, unter denen wir so oft leben, gehört. Es gibt einen wunderbaren Satz von einem, den ich als einen meiner größten Lehrer empfinde, das ist Martin Buber, der gesagt hat: „Erfolg ist kein Name Gottes.“ Hoffen ist, Lieben ist, Glauben ist ein Name Gottes, aber Erfolg ist nicht notwendig auf dieser Seite.

Das ist bemerkenswert in einer erfolgsbesessenen Zeit, wo solche idiotischen Fragen wie „Was bringt’s?“, „Was kommt dabei heraus?“, „Wieso machst du das eigentlich, was hast du denn davon?“ überhand nehmen. Ich glau-

[6] Vgl. Ladislaus Ballay, Der Hoffnungsbegriff bei Augustinus, München 1964, 6–28, 286.

be, zum Erfolg gehört, das man ihn vergisst, und das gehört in die Hoffnung hinein. Man braucht dazu noch etwas anderes, was mit diesem merkwürdigen Ausdruck „geistliche Tugenden“ wohl gemeint war.
Ich will dazu, einer meiner Lieblingsbeschäftigungen nachgehend, eine Enkelgeschichte erzählen – ich bin jetzt in dem Alter, in dem man das gerne tut – und habe ein wunderbares Enkelkind, das eine Zeitlang bei uns wohnte. Eines Tages zog es alle meine Tassen aus dem Schrank und baute ein Café auf, mit dreieinhalb Jahren. Dann bewirtete es imaginäre Gäste mit imaginärem Kaffe, klar, was denn sonst? Nach einiger Zeit sagte ihre Mutter: „Du musst jetzt aufräumen, wir wollen zu Abend essen“. Daraufhin das Kind, nicht aggressiv, sondern ganz ernsthaft: „Mama, du denkst immer nur in echt“. Dieser Satz war für mich wirklich ein Erlebnis! Es ist so wunderbar, wenn ein Kind begreift, dass es nicht reicht, „in echt“ zu denken. Es weiß genau, dass man „in echt“ auch denken muss, klar, es weiß auch schon bald, das Märchen nicht stimmen, aber es weiß zugleich, dass man außer „in echt“ noch ein bisschen mehr im Kopf und im Herzen haben muss. Und das finde ich einen wunderbaren Satz der Hoffnung.
Ja, ich komme im zweiten Punkt zu einer traurigen Beobachtung, die eben auch schon anklang, das ist, dass die Hoffnung in der reichen Welt am schlechtesten wächst und gedeiht oder gar blüht. Sie blüht an manchen Stellen der armen Welt auf ganz andere Weise, an Stellen, wo wir das überhaupt nicht erwarten, singen die Leute mit einer Fröhlichkeit und einer Stärke, dass man nur noch mit den Ohren schlackern kann. Es ist ein anderer Umgang mit dem Leben, und das, glaube ich, sollten wir uns selber fragen, ob es nicht Formen der Hoffnungslosigkeit gibt, die sehr problematisch sind; sie hängen mit der uns – ich möchte fast sagen – aufgezwungenen Individualisierung zusammen. „Ja was kann ich schon ma-

chen“, oder wenn ich das schon höre: „Ich als Einzelner kann natürlich nichts daran ändern“. Da sage ich dann immer freundlich: „Wer hat dir denn diesen Blödsinn beigebracht, dass du eine einzelne seist? Wo steht das denn? Ist das vielleicht die Meinung Jesu oder ist das eher die Meinung des neoliberalen Kapitalismus, das du ein Einzelner sein musst, Tag und Nacht, morgens, mittags und abends?“. Das glaube ich nicht. Ich halte diese Art zu denken wirklich für falsch. Wir sind in Gemeinschaft, wir haben Nächste, wir haben Beziehungen, wir haben Verantwortung für das Wasser unserer Enkelkinder, natürlich, die wollen das ja auch noch trinken. Und das kann nicht aus der Welt geredet werden mit so einem: „Es kommt eben, wie's kommt, und ich kann ja daran sowieso nichts machen“. Ich empfinde das immer so als eine Art Ausweichen vor den wirklichen Fragen, die uns beschäftigen müssen.
Wir sind von der ökumenischen Bewegung ja auf drei Ziele gebracht worden, die ich nach wie vor für ausschlaggebend halte: das ist Gerechtigkeit, Frieden, Bewahrung der Schöpfung. Das wollen wir uns nicht als veraltet ausreden lassen, sondern das ist genau das, wozu Christen da sind in dieser Zeit und in dieser Welt, und an denen sie sich beteiligen. Das sind die wirklichen Ziele die wir brauchen, und wir sollten uns da nicht in eine falsche, subjektive Hoffnungslosigkeit, mit der ich natürlich auch kämpfe, hineinlegen lassen.
Ich erinnere mich an eine Geschichte, die ich als junge Frau im Ruhrgebiet erlebt habe. Da hatte ich mich verirrt und musste zum Bahnhof und fragte einen Bauarbeiter, wieviel Uhr es sei. Es war so ein richtig netter Ruhrkumpel und er grinste mich an und sagte: „Bin ich Jesus?“. Diesen Witz kannte ich damals noch gar nicht und war ganz platt über diese Antwort, ich dachte, „um Gottes willen, was sagt der da?“. Heute bin ich noch etwas frecher geworden und würde ihm glatt sagen: „Na-

türlich bist du nicht nur Herr Meier, natürlich bist du etwas mehr als Herr Meier, natürlich sollst du Jesus werden, was denn sonst?“ Es gehört zu unserem Wissen und Mit-Tragen der Hoffnung, dass wir dazu fähig werden, und in diesem Sinn möchte ich noch ein paar Worte sagen über heutige Formen der Hoffnung.

Mir geht es nämlich persönlich so, dass ich mit Beginn der 90er Jahre immer weniger Hoffnung hatte; ich sah eben, was vor sich geht, wie die multinationalen Konzerne die Weltherrschaft übernommen haben, wie der nationale Staat abgebaut oder verschlankt wird und weniger zu sagen hat, und wie dabei die Einzelnen immer wieder völlig hilflos vor den gigantischen Hochzeiten der Großindustriellen stehen. Die Aktien steigen und die Zahl der Arbeitslosen auch. Das wissen Sie alle.

Ich denke, was es neu gibt, und zwar noch gar nicht sehr lange, darauf möchte ich gerne hinweisen. Es sind dies Formen einer anderen Globalisierung. Man nennt das „Globalisierung von unten“, die in Seattle im November/Dezember 1999 angefangen hat mit einem Treffen der Giganten der Welthandelsorganisation, welches zum ersten Mal auf einen heftigen Protest stieß, und das in den USA! Einen heftigen Protest, der sich unterdessen ungeheuer ausgeweitet hat; es gibt eine Linie von Seattle über Prag nach Davos, nach Quebec, wo immer mehr Leute verschiedener Gruppen hinzutreten; es waren zuerst sehr viel Kirchengruppen – ich habe das auch zuerst von kirchlichen Freunden aus den USA gehört – aber es sind immer mehr Leute geworden, die sagen: „So kann es nicht weiter gehen; mit dieser Selbstbereicherung der Reichen, dieser Rechtlosigkeit der Armen, dieser neuen Form der Sklaverei, die wir ja de facto haben“. Unsere Textilien werden von Textilsklavinnen genäht, Sie kennen wahrscheinlich die *Clean Clothing Campaign*. Dass wir dagegen aufstehen, das gehört zu einer anderen Globalisierung; ich glaube, diese Globalisierung wächst unter sehr vielen jungen Leuten, sie ist im Gegensatz zu Frankreich in Deutschland noch sehr zurück. ATTAC ist einer der Namen der Gruppen, in denen Menschen begriffen haben, was eigentlich in unserer Welt passiert, und wie gerade das Recht der Armen als derer, die eigentlich als rechtlos behandelt werden, kaputtgemacht wird, weil der Träger des Rechts, eben der nationale Staat, so unbedeutend ist und hier gar nichts mehr zu sagen wagt. Da müssen Veränderungen kommen. Es ist ganz interessant, dass gerade auch an der Spitze der Weltbank und der WTO, der Welthandelsorganisation, immer mehr Leute auf diesen Protest und dieses neue, mutige, schöne und hoffnungsvolle Nein hören. Und dazu möchte ich euch alle einladen, mindestens darüber nachzudenken, an welchen Stellen wir anders leben können.

Engel:
Zwei mutmachende Statements habe ich gehört, Paulus!

Engelhardt:
Ja, zunächst einmal habe ich das, was Fulbert und Dorothee gesagt haben, auch als Ermutigung wahrgenommen. Man sagt ja, nach acht Lebensjahrzehnten sei es höchste Zeit, einmal Bilanz zu ziehen. Und wenn Erfolg kein Name Gottes ist, dann brauchen wir auch keine Bilanz, denn Bilanzen sind immer Erfolgs- oder Misserfolgsbilanzen.
Ich möchte zwei Dinge sagen: Ich habe durch die Post, die ich bekommen habe, mit Erstaunen und Beschämung oft festgestellt, dass ich vielen Menschen in bestimmten Situationen etwas geben konnte. Mich bewegt immer noch das *Tagebuch eines Landpfarrers*[7], der endlich dort etwas geben konnte, wo er völlig zu versagen glaubte.

[7] Georges Bernanos, Tagebuch eines Landpfarrers, Leipzig 1936.

Aber ich durfte auch vieles empfangen, und ich denke, die Gemeinschaft, von der jetzt die Rede war, ist ja eine Gemeinschaft des Empfangens und des Gebens. Und da will ich jetzt keine Geschichten im einzelnen erzählen, sondern nur zusammenfassen. Ich durfte empfangen, mal angefangen von meinen Eltern; dann von einigen meiner älteren Mitbrüder, nicht von allen, und besonders von denen, die man nicht so ganz ernst nahm, wie unseren Isaak, der Pater Angelicus Kropp OP hieß. Dieser hat uns das alte Testament beigebracht, hat aber nichts geschrieben, weil das ja in der Zeit sofort auf den Index gekommen wäre; er hatte so seine knappen, manchmal recht witzigen Aphorismen. An einen denke ich jetzt, da sagte er so als guter Berliner: „Wat sahchste denn, wenn se dich fragen: ‚Wie jehts dir?'. Da musste sajen: ‚Schlecht', sonst wirste ja neidisch." Von dem habe ich viel empfangen, ich habe aber auch viel von Jüngeren empfangen, von Studenten und Studentinnen, als ich in Freiburg Philosophie studierte, von den Walberberger Studenten – das waren keine Studentinnen – die Heidegger entdeckten (leider sind die Heideggerianer bis auf eine Ausnahme alle ausgetreten), von den Studenten, die mich auf die Armut der dritten Welt aufmerksam machten, auf die Revolutionen und Katastrophen.

Ich kann zusammenfassen – und das soll mein erster Beitrag sein –, dass ich in den Kontakten mit anderen Ländern und Völkern, zuerst im Westen, dann in Polen, dann in Israel und Palästina, bei aller Hoffnungslosigkeit der Situation, besonders in Israel und Palästina, Freundinnen und Freunde kennengelernt habe, die trotz aller Verzweiflung an der Globalisierung von unten arbeiten. Das ist das Stichwort, das mich sicher zu weiterem Nachdenken anregt.

Das Schuldbekenntnis als Preis der Hoffnung

Engel: Paulus, du hast zurückgeblickt. Wenn ich die Frage nach der Hoffnung, die Frage nach unseren Hoffnungen stelle, dann buchstabiere ich sie immer auch rückwärts: zurück in die Geschichte(n), zurück in die alten Hoffnungsgeschichten, aber auch zurück in die alten Schuldgeschichten.

In einer Anmerkung zum Synodenpapier *Unsere Hoffnung* von 1975[8], das mir in meinem Theologiestudium in Münster von Johann Baptist Metz, dem „Vater" des Textes, nahe gebracht worden ist und für mich seither große Bedeutung entfaltet hat, vertritt Tiemo R. Peters OP die These, das *Schuldbekenntnis* sei der „Preis der Hoffnung"[9]. Ohne ein Bekenntnis von Schuld kann Hoffnung nicht formuliert werden, kann Hoffnung nicht sein, steht immer in der Gefahr, in Ideologie, Verblendung, schönem Schein zu enden.

Engelhardt: Ja, hier eine kurze Anknüpfung, weil du jetzt ein Thema anschneidest, das für mich immer ein Thema war und noch ist. Sicher musste ich lernen, dass ich als Halbjude, wie man das in der Nazizeit nannte, doch nicht einfach zu den Opfern gehörte, sondern auch persönlich versagt habe. Ich könnte einzelne

8 Unsere Hoffnung. Ein Bekenntnis zum Glauben in dieser Zeit, in: Gemeinsame Synode der Bistümer in der Bundesrepublik Deutschland. Beschlüsse der Vollversammlung. Offizielle Gesamtausgabe I, hrsg. im Auftrag des Präsidiums der Gemeinsamen Synode der Bistümer in der Bundesrepublik Deutschland und der Deutschen Bischofskonferenz durch Ludwig Bertsch u.a., Freiburg/Br. – Basel – Wien 1976, 84–111.

9 Tiemo R. Peters, Johann Baptist Metz. Theologie des vermißten Gottes (Theologische Profile), Mainz 1998, 104.

Beispiele aus der näheren Verwandtschaft nennen, aber auch aus der Lagerzeit, wo ich einfach nicht hinschaute. Das ist ja die Schuld der meisten aus unserer Generation, nicht genügend oder überhaupt nicht hingeschaut zu haben.

Trotzdem habe ich aus dieser Zeit, spätestens seit 1950, aber im Grunde auch schon früher, eine Frage mitgenommen, nämlich die Frage: Wie konnte es zur Shoa kommen? Und welche Rolle spielte der uralte kirchliche Antijudaismus in dieser Vorgeschichte? Die Frage lässt mich bis heute nicht los.

Und bei der Frage an die Kirchenoberen, trotz aller Anerkennung gewisser Schritte von Bischöfen und auch des jetzigen Papstes, vermisse ich, dass die Solidarität mit der Geschichte meiner, unserer Kirche, nicht dazu führt, zu sagen: Wir sündige Kirche sind schuldig geworden. Manches, was etwa Papst Johannes Paul II. in Yad Vashem sagte, war sehr eindrucksvoll. Aber stets wurde nur gesagt: „Einige unserer Söhne und Töchter haben versagt. Warum nicht wir? Diese Frage möchte ich als Anknüpfungspunkt hier stellen.

Steffensky: Paulus, ich finde deine Widersprüchlichkeit wundervoll, also einmal ein Schuldbekenntnis und andererseits dieser sehr schöne Satz: „Ich bilanziere nicht". Wir brauchen uns nicht durch unsere Erfolge auszuweisen. Weise sein heißt, nicht bilanzieren müssen; zwar klar sehen können, was war, was man falsch gemacht hat, und trotzdem keine Bilanz, kein Urteil über sich selbst zu fällen, sondern das Urteil einem anderen zu überlassen.

Es gibt Kontinuitäts- und Gelingenszwänge: die Vergangenheit muss gut und ungebrochen sein, erst dann bin ich gut, und erst dann kann auch die Zukunft gut sein. Darum darf das Nest nicht beschmutzt werden

durch die Erinnerung an die eigene Schuld; darum darf ich nicht kritisch nach hinten schauen. Glauben heißt, dass ich meinem Nicht-Gelingen ins Gesicht schauen kann; dass ich die Hoffnung nicht verliere und dass ich nicht in Panik gerate, wenn ich mich als Fragment oder als Schuldigen erkennen muss. So widersprüchlich sein zu können, ist sehr schön.
Die Hoffnung braucht Gemeinschaft, hast du, Dorothee, gesagt. Man kann eigentlich nicht allein leben. Darin sehe ich den großen Vorteil des Katholizismus mit seinen Gruppen und Orden. Diese dominikanischen, jesuitischen und franziskanischen Brandstifter sind ja Orte der Hoffnung, und sie können es nur sein, weil sie zusammen sind. Die Hoffnung liest man auch den Geschwistern von den Lippen, und wenn man keine Geschwister hat, hat man es schwer mit der Hoffnung. Aber ihr müsst auch für uns hoffen, die wir weniger Geschwister haben!

Sölle: Mir hat der Satz *Schuldbekenntnis ist der Preis der Hoffnung* sehr viel gesagt. Ich habe da vielleicht nicht so sehr die Kirche im Blick gehabt, als – es ist ein etwas variierteres Thema, aber was mich sehr bewegt hat, waren immer die vielen Menschen, also auch Lehrer, Verwandte, Eltern der Generation vor mir, die alle sagten: „Wir hatten doch damit gar nichts zu tun, wir haben das doch alle gar nicht gewusst". Davon habe ich nie ein Wort geglaubt, und wir wussten als Kinder sehr viel, wenn man wissen wollte, konnte man wissen. Ich habe daraus wirklich gelernt, dass diese Zuschauerposition exakt das ist, was Jesus nicht wollte. Er wollte schon, dass wir dabei sind, wenn neben uns Menschen gekreuzigt werden, und das passiert ja immer weiter.

Omnipotenz Gottes oder Empowerment?

Sölle: Mich hat das, was du über die Geschichte unseres Volkes gesagt hast, sehr bewegt (mit der ich mich ja auch viele Jahre herumgeschlagen habe und die mich zu einer Reihe von tiefen Zweifeln an den vollmundig gepredigten christlichen Wahrheiten brachte – „er sitzt im Regimente und schaffet alles wohl", wie es bei uns im Choral heißt – das konnte ich nicht mehr mitsingen; ich sah nicht genau, wo er eigentlich in Auschwitz im Regimente saß).

Das ist für mich wirklich ein zentraler Ansatz meines Lebens gewesen, da immer mehr Fragen zu stellen, vor allem an den allmächtigen Gott. Wenn man dieses Wort ins lateinische übersetzt, den „omnipotenten" Gott, dann wird unmittelbar deutlich, welcher Teil der Menschheit das erfunden haben muss: es sind eben nicht die Frauen, die nicht-potenzfähigen, sondern es sind ziemlich ausschließlich die Männer! Ich denke, dass wir Macht wirklich etwas genauer, und das heißt auch feministischer verstehen müssen.

Gute Macht, das ist eine Grunderkenntnis der Frauentheologie, ist Macht, die sich verteilt, die an andere weitergegeben wird, die jemanden ermächtigt; in der Weltsprache: „Power is empowerment". Das ist ein grundlegender Satz, den ich oft erlebt habe, und ich glaube, jede Frau, die auch nur ein bisschen Lehrerin war, weiß, was ich meine. Wenn irgendein dusseliges, behindertes, nie etwas Richtiges sagendes, unkonzentriertes Kind plötzlich eines Tages von sich aus sich meldet, das ist ein wunderbares Erlebnis. Da habe ich eine Geschichte erzählt, die das Kind erfreut, berührt, getroffen hat. Und das Kind will jetzt in der Schule mitmachen – das ist eine Form von *empowerment.* Gute Macht ist Macht, die weitergegeben wird, die sich verteilt. Und Gott war in Auschwitz sehr klein, weil er so wenig Freundinnen und Freunde in Deutschland hatte, aus keinem anderen Grund. Er ist nicht ein Knopfdrücker, der da oben sitzt und das abstellen kann, wenn es ihm passt – so kann ich eigentlich nicht mehr reden. An diesen Fragen müssen wir wirklich weiterarbeiten.

Steffensky: Dorothee, weißt du, wir haben in unserer Familie nur gebremst eine theologische Gütergemeinschaft. „Wer hat denn den Satz vom omnipotenten Gott gesagt?", hast du gefragt und geantwortet: „Die Männer!" Ich sage zunächst einmal: die Armen sagen diesen Satz. Es sagen ihn die, die die Macht Gottes brauchen, der sie herausreißt, der die Tyrannen stürzt und der ihnen den Trost des Lebens bestätigt. Ich werde immer nervös bei widerspruchsfreien Sätzen wie diesen: Gott drückt nicht auf den Knopf, er sitzt nicht im Regiment. Das ist nicht alles, was zu sagen ist. Zugunsten der Opfer, zugunsten der Armen muss ich mich widersprüchlich machen und zugleich sagen: Gott wird sie retten, Gott wird sie erhören. Gott wird die Lahmen zum Tanzen bringen. Eine feministische Theologie, die diesen Widerspruch nicht wagt, die nur das eine sagt, halte ich für eine gefährliche Theologie, es ist nicht eine Theologie im Interesse der Armen.

Sölle: Das ist ein Streit zwischen uns, wo ich denke, dass gute feministische Theologie tatsächlich auf der Seite der Armen ist. Sie ist einfach eine Art der Befreiungstheologie, von der es verschiedene Sorten gibt, so wie es verschiedene Sklavereien gibt, natürlich; also muss es auch verschiedene Befreiungsformen geben, die aber dasselbe Ziel haben, und mein Feminismus ist nie ausschließend gewesen – ich wollte nicht werden wie die Männer, um Gotteswillen!

Steffensky: Das ist auch nicht unser Streit. Ich glaube natürlich, dass der Feminismus die Armen neu entdeckt hat …

Sölle: Die Ärmsten sind ja doch die Frauen, der Mann haut doch ab!

Steffensky: … aber man muss doch auch für die Armen hoffen, man muss nicht nur für sie kämpfen, und das heißt auch zu behaupten: „Gott wird euch retten. Wir helfen euch dabei, Brot zu backen, aber Gott wird euch retten und erhören." Man kann doch niemanden aufgeben, selbst wenn ich nicht genau weiß, was ich mit solchen großen Worten sage. Der Glaube spricht doch nicht eine Sprache, die am Leben abliest, was zu sagen ist, sondern die gegen die Grausamkeiten des Lebens die Versprechungen der Ganzheit macht.

Sölle: Da stimme ich eigentlich ganz mit dir überein, dass die Theologie nicht abgelesen wird an dem, was ist, sondern an ganz anderen Dingen, an diesen Versprechungen; aber, dass diese Versprechungen auch mit uns zu tun haben – wir können so weitermachen wie bisher, aber dann wird unsere Erde noch mehr veröden, das ist so, das ist eine Realität, die kannst du nicht einfach aus der Welt reden.

Steffensky: Lass Paulus Schiedsrichter sein!

Engel: Paulus, willst du einen Schiedsspruch fällen?

Engelhardt: Nein, im Augenblick nicht.

Untröstlichkeit und Hoffnung – ein notwendiger Widerspruch

Engel: Ich knüpfe dort an, wo Fulbert Steffensky eben sagte: „Man kann doch niemanden aufgeben". Wesentlich nämlich treibt mich die Frage nach der (Un-) Abgeschlossenheit der Geschichte um (die schon Gegenstand der großen Kontroverse zwischen Walter Benjamin und Max Horkheimer war[10]). Hier und heute steht zur Debatte, *ob* – und wenn ja: *wie* es denn eine Hoffnung geben kann für die, die Opfer geworden sind? Für die, die gemordet wurden, die endgültig tot sind? Gibt es eine denkbare, rational verantwortbare Hoffnung, auf dass sich *gestern* etwas ändert? Ich meine das, was der zwar durch die *Peanuts* bekannte, als großer Philosoph aber leider verkannte Charlie Brown in seinem bleibend gültigen Hoffnungssatz formuliert hat: „Ich hoffe, daß Gestern besser wird."[11] Hier kommen wir ins Zentrum unseres Glaubens und der Theologie. Denn wenn wir von Gott reden, dann *muss* dieses Gestern besser werden für alle, universal. Das Vergangene muss gerettet werden, sonst fehlen mir am Ende alle Möglichkeiten zu hoffen, denn eine Hoffnung – so bin ich überzeugt –, die sich mit dem Partikularen abspeisen lässt, ist letztlich keine Hoffnung.

[10] Vgl. die Auszüge des Briefwechsels in Walter Benjamin, Gesammelte Schriften. Unter Mitwirkung von Theodor W. Adorno und Gershom Scholem hrsg. von Rolf Tiedemann / Hermann Schweppenhäuser, Bd. 5/1, Frankfurt/M. 1991, 588f. (Max Horkheimer) und 589 (Walter Benjamin).

[11] Charlie Brown zit. nach Jürgen Ebach, „Hoch und heilig wohne ich – und bei den Zermalmten und Geisterniederten". Versuch über die Schwere Gottes, in: Frank Crüsemann u.a., Auf Israel hören. Sozialgeschichtliche Bibelauslegung, Luzern 1992, 85–113, hier 103.

Sölle: Ich habe mich auch immer gegen den Satz von Adorno gewehrt, dass man nach Auschwitz keine Gedichte mehr schreiben könne.[12] Ich habe das nie annehmen können, weil ich dachte, nichts wäre nötiger, als Gedichte zu schreiben über das, was da geschehen ist, und nicht zu vergessen, denn: *Erinnerung* ist einer der Namen Gottes in der hebräischen Bibel. Daran festzuhalten, das zu glauben, ich weiß nicht, wie man es sagen soll, ich habe eigentlich keine Sprache dafür, die wirklich sagen könnte, worin die Hoffnung besteht für die Ermordeten.

Steffensky: Es gibt zwei Würden des Menschen, zunächst die atheistische Würde der Untröstlichkeit: Menschen sehen mit offenem Blick, was passiert und was dem Leben angetan wird; wie es geschändet und zerstört wird, und sagen: Das ist es, mehr gibt es nicht, den Namen Gottes, der birgt, kann man nicht mehr nennen. Das ist nicht die Haltung des Zuschauers, sondern die Haltung des Empörers, der sagt: nach all dem, was geschehen ist, kann es eigentlich keine Endgültigkeit, kein Ganzes und keine Bergung des Lebens geben. Das ist die ehrenwerte Haltung der Empörer, und im Christentum selbst gibt es den Schatten des Atheismus, die Untröstlichkeit.

Es gibt aber auch eine andere Würde, die Würde der unbewiesenen Behauptung, die alle anfangen mit dem Satz „Einmal wird es sein!" Vielleicht kann man das nicht denken, aber man kann beten, man kann weinen, man kann herauslachen, dass Gott das Leben nicht in echolose Abgründe stürzen lässt. Man muss die Widersprüche wagen, den Widerspruch zwischen

[12] Vgl. Theodor W. Adorno, Zu einem Porträt Thomas Manns, in: Ders., Noten zur Literatur III, Frankfurt/M. [21./22. Tsd.]1980, 19–29, hier 25. Eine Teilrevision des Diktums findet sich in: Ders., Negative Dialektik, Frankfurt/M. [5]1988, 355.

Das Programm von Topos plus
bietet Ihnen:

aktuelle Themen
religiöse Sachbücher
Lebenshilfe
Spiritualität
Biographien

verlags gruppe engagement

Mitglieder der Verlagsgemeinschaft Topos plus:

Butzon & Bercker, Kevelaer
Don Bosco Verlag, München
Echter Verlag, Würzburg
Verlag Katholisches Bibelwerk, Stuttgart
Lahn-Verlag, Limburg
Matthias-Grünewald-Verlag, Mainz
Paulusverlag, Freiburg (CH)
Verlag Friedrich Pustet, Regensburg
Verlag Styria, Graz–Wien–Köln
Verlagsanstalt Tyrolia, Innsbruck–Wien

Diese Karte entnahm ich dem Buch:

Zum Lesen bzw. zum Kauf wurde ich angeregt durch:

- ☐ Prospekt
- ☐ Anzeige
- ☐ Buchbesprechung
- ☐ Schaufenster
- ☐ Empfehlung im Buchhandel
- ☐ Empfehlung von Bekannten
- ☐ Geschenk

(Zutreffendes bitte ankreuzen)

Meine Meinung zu diesem Buch:

Verlagsgemeinschaft Topos plus

der unbestechlichen und hellsichtigen Untröstlichkeit und dem Vertrauen darauf, dass Gott das Leben in seiner Hand hat. Man muss den Widerspruch aushalten zugunsten der Opfer, die man nicht aufgeben kann.

Sölle:

Der alte reiseführer in cluny
hat eine gesichtsoperation hinter sich
sein mund ist neu gemacht und versetzt
wenn jemand ihn fragt
kann er nicht weitergehen
und im gehen reden
wie wohl der frager
er bleibt stehen und gibt
all seine kraft ins antworten
Du hast mich manchmal gefragt
was die aufmerksamkeit ist
und was das gebet
und was die schönheit
Nun sieh
vielleicht hat ihm die gestapo die zähne
eingeschlagen
oder eine bombe hat ihn fertig gemacht
in algerien
aber jetzt siehst du
die schönheit
und das gebet
und die aufmerksamkeit eines menschen
der gerade jetzt
ganz ist was er tut
und so gott lobt
ein unwillentlicher lehrer[13]

[13] Dorothee Sölle, verrückt nach licht. gedichte, Berlin 1993, 145.

Strukturelle Sünde – konkrete Hoffnungszeichen

Engelhardt: Ich möchte wiederum eine Erinnerung anfügen. Als wir uns beim „Politischen Nachtgebet" kennen lernten, gehörte ich nicht zum engeren Kreis und war immer ein wenig skeptisch. Meine Skepsis bestand vor allen Dingen darin, dass ich manchmal den Verdacht hatte, die Veranstalter – ich meine nicht euch persönlich, das waren ja immer ganze Gruppen –wissen von vornherein, dass sie auf der richtigen Seite stehen. Und ich habe das mal einzubringen versucht, allerdings nicht mit Wirkung.

In dieser Zeit, in den wieder auf sonderbare Weise modern gewordenen 60er und 70er Jahren, gehörte ich zu denen, die sagten, wir müssen nicht nur so individualistisch denken, sondern wir müssen in Strukturen denken. Dann wurde also die strukturelle Sünde entdeckt, die strukturelle Gewalt, die strukturelle Bekehrung, und wir glaubten, da einen wichtigen Schritt nach vorne getan zu haben. Das Ganze ist aus verschiedenen Gründen gescheitert, vielleicht, weil wir über den Strukturen dann doch wieder die vielen einzelnen leidenden, empfindenden, helfenden Menschen vergessen haben.

Bei mir hat sich in allerletzter Zeit da eine Umorientierung vollzogen. Ich war am letzten Wochenende zum zweiten Mal auf einem Katimavik. Das Wort kommt aus der Eskimosprache und ist durch Jean Vannier in der „Arche"-Bewegung dann verbreitet worden. Es geht um eine Bewegung, in der Behinderte und Nichtbehinderte zusammenleben. Diese Katimavik-Tagungen, wie auch am letzten Wochenende, sind für mich überraschend. Ich hatte manchmal etwas den Verdacht, dass dort etwas zuviel pietistisches Halleluja-Singen stattfände, aber ich glaube, diese

Vermutung führt in eine ungerechte Richtung. Da waren Menschen in ihrem Zusammensein und in ihrer Anhänglichkeit glücklich, haben gesungen und getanzt, gemalt, entsprechend Gottesdienste gefeiert, und ich habe sowohl einige dieser „Behinderten“ (in Anführungszeichen, denn wer ist nicht behindert?) lieben gelernt, aber auch einige der Helfer, die jetzt nicht von oben her es besser wissen, sondern von innen her mit diesen Behinderten leben und mit ihnen Wege zur Hoffnung finden. Da wurde keine Theologie gemacht, aber im Singen und Tanzen ist mir etwas deutlich geworden auch von dieser Globalisierung von unten. Das möchte ich gerne als Korrektur weiterverfolgen.

Sölle: Das korrigiert doch nicht den Gedanken der strukturellen Sünde, also meiner Beteiligung an den Sünden, z.B. meiner Bekleidungsfirma, bei der ich meine T-Shirts kaufe, die von unterbezahlten und ausgeplünderten Sklavinnen genäht werden. Das ändert das nicht, auch wenn ich schon gar nicht mehr darüber nachgedacht habe, was das für eine Erneuerung war, wo doch viele Leute meinten, Sünden fänden nur im Bett statt, wo es in Wirklichkeit beim Einkaufen oder sonstwo passiert. Das sind ganz andere alltägliche Realitäten, mit denen wir umgehen, in verbrecherischer Art. Das ist für mich zentral.
Meine Erfahrung mit Behinderten, vor allem in Bethel, ist, dass sie so etwas sehr gut verstehen und wissen; das ist wirklich schön. Mir fällt da gerade eine schöne Hoffnungsgeschichte ein, eine ganz kleine. Auf einem Fest mit Behinderten in Bethel ließ man Luftballons steigen und viele Leute gingen dort auf der Straße spazieren. Und ich sah einen Schwerstbehinderten, also einen Menschen, den man ja eigentlich in unserer Welt gar nicht sieht; die werden ja eher verborgen. Es

war für mich schwierig, ihn anzuschauen, wie er da so völlig verkrüppelt im Rollstuhl saß mit ziellosen Bewegungen; der Speichel lief ihm aus dem Mund – wie es eben so ist. Der Zivi, der ihn schob, sah vollkommen verdrießlich drein und der Behinderte eigentlich auch, da war überhaupt nichts von Freude. Und plötzlich passierte ein Wunder: Der Behinderte hatte einen Luftballon entdeckt, der auf ihn zukam, hob seinen Finger und machte mit seinen unkoordinierten Bewegungen immer so, bis er ihn traf und daraufhin strahlte. Und mein Zivi strahlte und ich strahlte – Gott war wieder einmal ein Stückchen sichtbarer geworden. Gott ereignet sich.

Engelhardt: Ich habe das sicher eben etwas einseitig formuliert – ich sprach von mir, dass ich bei dem von mir ausgesprochenen Gedanken von struktureller Sünde das Fleisch vielleicht vergessen hatte und zu abstrakt in die Welt und die Theologie hineinschaute. Vielleicht ist das gerade die Aufgabe, vor der wir jetzt stehen, das nicht zu vergessen, die sagen wir einmal strukturelle Sünde der großen Globalisierung und dann eben die kleinen Hoffnungszeichen, wo Solidarität entsteht, zusammenzukriegen.

Sind Kirchen Orte der Hoffnung?

Steffensky: Ich will noch ein kleines Hoffnungszeichen erwähnen. Ich glaube, allmählich löst sich die dumme Unterscheidung auf, die wir in unseren Kirchen hatten, nämlich dass die Linken nicht fromm und die Frommen nicht links sind. Die Kritiker in der Kirche und in der Gesellschaft fangen an, die Frage zu stellen: Wie ernähren wir uns eigentlich in unseren Wünschen, wie machen wir uns in unserer Empörung oder in unserer Sorge um das Recht langfristig? Ich glaube, es wird eine große und neue spirituelle Bewegung geben. Man wird den unerlässlichen Umweg über das Gebet, über die Lieder, über den Tanz nicht mehr scheuen, und man wird darüber weniger funktionalistisch werden. Die alte Linke hat wundervoll gearbeitet, aber sie hat oft vergessen, den Schabbat vorwegzunehmen, zu singen, zu feiern. Sie hat oft vergessen, sich an das Gelingen zu erinnern. Auch die mögliche Zukunft haben sie oft vergessen. Sie haben alle Möglichkeiten in ihrer eigenen Kraft und Gegenwärtigkeit gesehen, und sie haben selten gesungen: „Geschlagen ziehen wir nach Haus, unsere Enkel fechten's besser aus." Das ändert sich. Es gibt eine neue Allianz zwischen Frömmigkeit und kritischem Bewusstsein. Vielleicht müssen gerade die Orden dafür sorgen, dass eine weltoffene, auf der Gerechtigkeit bestehende Spiritualität entsteht.

Engel: Meine Frage an dich, Paulus: Kannst du solche Wünsche, solche Utopien und Erwartungen, die der Kirche den Status eines Hoffnungsortes zuschreiben, teilen?

Ich habe nochmal deinen Artikel zum Thema „Hoffnung" im *Neuen Handbuch Theologischer Grundbegriffe* gelesen.[14] Mir ist aufgefallen, dass du dort mit der Kirche beginnst, dann einen sehr ausführlichen historisch- und systematisch-theologischen Diskurs führst, um schließlich wieder bei der Kirche anzukommen und so zu enden. „Die Kirche, Grund und Ziel aller Hoffnung, ihr A und O" – so könnte man die Struktur dieses Artikels interpretieren. Ist das wirklich so?

Ich bin da, zumindest was die katholische Kirche an-

[14] Paulus Engelhardt, Hoffnung, in: NHthG² Bd. 2, 374–384.

geht, skeptisch. Nicht immer erkenne ich in ihr das leuchtende Hoffnungszeichen. Welche Rolle spielt die Kirche, spielen die Kirchen als Hoffnungsort(e) für dich, Paulus?

Engelhardt: Ich bin entsetzt, dass man diesen Artikel so lesen kann, ich muss ihn daraufhin selber noch einmal lesen…

Engel: Meine Lektüre ist natürlich eine provokante Lektüre, das ist doch klar!

Engelhardt: … Kirche als Anfang und Ende, das geht nicht! Aber die Frage ist natürlich berechtigt.
Ich versuche mich nach zwei Seiten verständlich zu machen. Sowohl in der hohen Theologie bis hin zu Diskussionen zwischen Walter Kasper und Josef Ratzinger auf der katholischen Seite und bei Biblikern ist ja gar nicht so klar, was Kirche ist. Um es einmal ökumenisch einzufädeln, ἐκκλησια wird von euch oft als „Gemeinde“ übersetzt und von den Katholiken meistens mit „Kirche“. Das ist, glaube ich, kein Zufall. Und was man unter Kirche versteht, ist völlig unklar.
Mir haben die Grußsätze des Paulus an die Korinther geholfen, im ersten und im zweiten Korintherbrief. An die Kirche Gottes, und jetzt muss ich griechisch sagen οὔσῃ ἐν Κορινθῳ, wie sie also konkret ist in Korinth.[15] Also, es gibt nur eine Kirche, aber sie ist keine Mammutorganisation, sondern sie ist überhaupt nur da, sie ist nur konkret in Gemeinden, aber Gemeinden nicht als durch Straßenzüge abgegrenzte Pfarrbezirke gedacht, sondern Gemeinden, in denen Gemeinschaft entstehen kann.

[15] Vgl. 1 Kor 1,1; 2 Kor 1,1.

Ob wir da als Ordensgemeinschaft so ein Vorbild sind, na ja, es gibt Versuche, aber ich glaube nicht, dass Ihr soviel an Vorbildfunktion bei den Orden ablesen könnt. Bei uns sind Ansätze und auch Hemmungen, Gemeinschaft zu bilden.
Aber ich denke, in der Frage „Zukunft der Kirche“ – das ist ja auch eine Hoffnungsfrage – müssen wir suchen, wie Gemeinden entstehen können, das heißt, Gemeinschaften von Menschen, die sich gemeinsam unter das Wort stellen, um es mal ganz reformatorisch zu sagen (dieser Ausdruck ist übrigens vom Zweiten Vaticanum übernommen worden, was manche vergessen haben[16]), und mit Freude Eucharistie feiern, oder, wie es in der Apostelgeschichte heißt, „in Freude das Brot in ihren Häusern brechen“[17], und von daher auch zu dem kommen, von dem es ja auch idealisierend in der Apostelgeschichte heißt: „Sie hatten alles gemeinsam“[18]. Diese drei Tendenzen, Hören, eine dienende Liebe, die zur Gemeinsamkeit und Solidarität führt und als Kraftquelle Eucharistie oder Abendmahl, das sind Andeutungen von Kirche – aber was in meinem Handbuch-Artikel mit Kirche gemeint ist, weiß ich nicht mehr…

Die Hoffnung fälscht immer Bilanzen – auch kirchliche

Sölle: Ich bin komischerweise in den letzten Jahren mit meiner größeren Hoffnungsarmut angesichts der Globalisierung und Individualisierung kirchenfreundlicher geworden. Ich habe in den letzten Jahrzehnten,

[16] Dei Verbum, 10.
[17] Apg 2,46.
[18] Apg 2,44.

wenn ich einen Vortrag gehalten habe, immer wieder gemerkt, dass hinterher ein Journalist kommt und zu mir sagt: „Das war ja wunderbar, ich stimme ganz mit Ihnen überein, aber Sie meinen doch nicht etwa die Kirche?“ Als ich das zum ersten Mal hörte, war ich ganz platt und sagte: „Doch, eigentlich schon, sie ist zwar nicht immer so, aber so sollte sie zumindest sein, dafür ist sie da. Natürlich meine ich die Kirche, ja“. Das ist das, was Kirche sein könnte und immer mehr wird.
Ich bin mir allerdings ebenso ziemlich darüber im klaren, dass der Neoliberalismus, der über uns herrscht, natürlich auch seine religiösen Formulierungen hat, und eine der religiösen Formulierungen ist die, dass Gott für die das Höchste ist, was sie denken können, nämlich *private property*. Gott ist eine Privatangelegenheit; „das musst du ganz alleine mit Gott ausmachen“, da kann man sehr oft in den USA hören, *private property* ist der Name des Götzen, der über uns herrscht. Das machen sie aus Gott, aber das kann nicht sein. Wenn diese Verleugnung von Gemeinschaft, Gemeinde, gemeinsamem Hören, Feiern, Beten, Wünschen, Erziehen, wegfällt, dann ist das ganze nicht mehr lebendig. Glauben, Hoffen und Lieben sind keine Privatangelegenheiten, es ist mehr als das. Das ist es, was ich pro Kirche sagen möchte.

Steffensky: Ein Wort zu den Orden und ein Wort zur Kirche. Paulus, ich glaube nicht, dass die Ordensleute besser sind als andere Leute, aber ich glaube, dass die Orte besser sind, an denen sie miteinander betend, wach, unabhängig leben und arbeiten. Sie sind eine Gruppe, und sie leben zusammen. Das sind sozusagen Vorbedingungen der Hoffnung. „Allein bist du klein“, das ist nicht nur ein politischer Slogan, sondern auch ein in einem tiefen Sinn religiöser. Die Klöster sind

Orte der Hoffnung in einer isolierten und separatistischen Gesellschaft. Schätzt euch selber, würde ich gerne den Ordensleuten sagen.
Wir könnten auch neu lernen, die Kirche zu schätzen, selbst wenn man dabei die Bilanzen ein wenig fälschen muss. Die Hoffnung fälscht immer Bilanzen, in unserem Fall: sie liest die Kirche besser als sie ist. Das ist das gute Recht der Hoffnung. Es gibt eine Entmutigung, die darin besteht, dass man die Orte und die Institutionen, in denen man selber lebt, immer zum schlechtesten liest. Das ist vor allem eine protestantische Gefahr. Diese verdrießliche Grämlichkeit der eigenen Tradition, dem eigenen Haufen gegenüber ist fatal. Es ist einfach nicht genug für unsere Hoffnung.
Und wenn wir Kirche sagen, meinen wir eben nicht Kirchenleitung. Leitungen sind immer Institutionen des mittleren Geistes…

Sölle: … wenn überhaupt!

Steffensky: … Leitungen schneiden rechts etwas vom Ungeist weg und links etwas vom heiligen Geist, und es kommt etwas Mittelmäßiges dabei heraus. Es ist ja auch nicht Aufgabe von Leitungen, Quelle des Geistes zu sein, sondern die Kiste zusammenzuhalten, mehr nicht. Das ist eine wichtige Aufgabe.
Aber nicht die Einheit macht uns frei, sondern die Wahrheit!
Ich frage einfach, wo es in der Gesellschaft noch einmal einen Ort wie die Kirche gibt, an dem über Recht nachgedacht wird, wo das Wort *Recht* genannt wird, wo das Wort *Arme* genannt wird, wo *Rettung des Lebens*, wo *Gnade* genannt wird, wo *Erbarmen* und *Barmherzigkeit* genannt werden. Die Kirche ist der Ort der verfemten Begriffe. Aber es ist nicht nur ein Sprachort. Nehmen wir doch ein einfaches Beispiel:

die Friedensdekade wurde 1983 in fast allen Schulen, bei Gewerkschaftsgruppen und an vielen anderen Orten begangen. Jetzt gibt es sie nur noch bei der Kirche. Die Kirche ist wie eine Dampfwalze, die sehr schwer anläuft, aber wenn sie erst einmal läuft, stoppt sie keiner mehr. Das kann man auch im Guten verstehen, also in ihren Absichten für den Frieden und für die Gerechtigkeit.

So sehr wir klagen mögen, ich weiß einfach keinen Ort, an dem so langfristig über Trost, Recht, Armut, Leiden nachgedacht wird. Alles ist nicht genug, das wissen wir. Aber nur zu sagen, dass es nicht genug ist, reicht nicht. Man muss auch wahrnehmen können, was schon blüht, damit wir unsere Hoffnung nicht verlieren. Wer immer nur sagt, dass wir ein Haufen sind, in dem man nicht leben kann, der kann natürlich auch auf Dauer nicht darin leben – eine kleine Schelte eines Jugendlichen an den älteren Herrn.

Engel: Der „ältere Herr“ dazu?

Engelhardt: Ich nehme das an.

Wenn die Hoffnung die wunderschönsten Geschichten fabuliert...

Engel: Wir haben über verschiedene Sprachen der Hoffnung geredet, z.B. über die Sprache des Gebetes und die des Feierns.

Es geht aber, wenn ich das richtig sehe, nicht nur um Sprache, sondern auch um Wahrnehmung. Mehrfach war in unserer Diskussion schon die Rede davon, dass wir Hoffnung nur dann gewinnen können, wenn wir wirklich hinschauen, hinschauen auf das, was da ist, nicht wegschauen. Wegschauen verunmöglicht Hoff-

nung. Die Kunst des Hoffens beginnt dort, wo wir nicht mehr sehen können, da, wo unsere Wahrnehmung am Ende ist, wo es dunkel wird.
Ich arbeite vor allem zur philosophischen und theologischen Ästhetik. Von daher interessiert mich das Sehen und das Nicht-Sehen. Ich glaube, dass es ein eminent theologisches Wahrnehmen gibt und auch ein eminent theologisches Nicht-Sehen, Nicht-Sehen-Dürfen. Wir kennen das Bilderverbot. Es ist ja nicht nur ein Verbot von bunten Bildern, sondern das Bilderverbot will Gott retten, Gott als Gott retten, will ihn eben nicht als Götzen preisgeben.
Meine Frage lautet: Was bleibt uns verborgen in unseren Hoffnungsgeschichten, in unseren Hoffnungsbildern? Was bleibt uns verborgen, was wir nicht sehen, wo wir nicht weit genug sehen können, nicht sehen dürfen?

Sölle: Ist denn die Hoffnung wahrnehmbar? Ich hinterfrage das Wort „Wahrnehmung“; ich kann die Hoffnung doch nicht auflisten und berechnen.

Engel: Ich stimme zu: Hoffnung ist nicht wahrnehmbar. Aber die Fähigkeit, überhaupt wahrzunehmen, ist unabdingbare Voraussetzung für jedwedes Hoffen. Wenn wir nicht wahrnehmen, was ist, wird auch keine Hoffnung sein!

Steffensky: Könnte es nicht umgekehrt sein? Am Christentum, an unserem Glauben, schätze ich, dass er uns die Augen öffnet. Man kann ja durch eine Welt gehen und nichts vermissen, man kann durch eine Welt gehen und nichts wahrnehmen, man kann nach Südamerika fahren und nur schöne Strände sehen. Wenn ich aber weiß, dass mich die Augen Christi aus den Augen der Gequälten ansehen, dann lerne ich wahrnehmen, lerne ich sehen, werde ich hellsichtig, verliere ich meine Blindheit. Es ist eine Funktion des Glaubens, uns sehend und wahrnehmungsfähig zu machen.

Die Hoffnung fabuliert, sie tut, als könnte sie das Neue schon wahrnehmen. Sie fabuliert die wundervollsten Geschichten, dass eine Stadt sein wird, in der die Tränen getrocknet sind und aus der die Seufzer geflohen sind. Es ist das Lied in der Zeit der Dunkelheit, die Phantasie von der Fülle in der Zeit der Armut. Wir wissen nie genau, was wir sagen in unseren Hoffnungsphantasien. Man kann es damit aushalten, wenig zu wissen und viel zu hoffen. Wir wissen wenig von Gott, vielleicht gerade so viel, wie wir brauchen. Zum Glauben gehört, sich mit geringem Wissen zufriedenzugeben.

Sölle: Ich dachte gerade einen Augenblick lang an diesen schönen Satz, der von den Sufis, den Mystikern des Islams, stammt; der Satz sagt, dass Allah hundert Namen habe, aber nur neunundneunzig bekannt seien. Und mit diesen wunderbaren Namen fangen die Suren des Korans an. 99 Suren nennen da etwas: den Allerbarmer, den Blitzeschicker usw.

Es gibt eigentlich zwei Auslegungen für diesen Satz: Die eine Auslegung ist ganz im Sinne des Bilderverbots und sagt, wir kennen Gott nicht ganz, wir können ihn – Gott sei Dank – nicht knipsen und nie definieren und habhaft machen – das ist dieser hundertste verborgene Name. Es gibt aber dann auch eine Frömmigkeitsauslegung desselben Satzes, die ganz anders und ganz einfach und ganz volkstümlich ist: Den Namen musst du finden, und du und du und wir alle, und das jeden Tag neu. Das ist eine Frömmigkeitsübung.

„Wer Hoffnung hegt, ist bloß unzureichend informiert"

Engel: Hier interveniere ich, weil ich nicht akzeptiere, dass wir uns zufrieden geben mit dem, was ist. Überall dort, wo wir es mit Menschen und mit Gott zu tun haben, erreichen wir letztlich keine vollkommene Zufriedenheit. Im Zusammenhang mit unserem Gespräch über die Hoffnung möchte ich darauf beharren, dass wir uns auch in der Hoffnung nicht selbstzufrieden einrichten dürfen. Auch da gibt es immer noch das Vermissen…

Ich habe dieser Tage in einer Heiner Müller-Biographie einen Satz des großen DDR-Dramatikers und kongenialen Brecht-Nachfolgers (1929–1995) gelesen, der mich in seinem Pessimismus recht nachdenklich gestimmt hat. Heiner Müllers Metier war die Skepsis, die Skepsis gegenüber einem Geschichtsoptimismus, der von Krieg und Barbarei (zumindest für die nähere Zukunft) nichts mehr wissen will. Die Welt – so Müller – sei nicht gut, sei niemals gut gewesen und würde, solange Menschen auf ihr lebten, nicht gut werden. O-Ton Heiner Müller: „Wer dennoch Hoffnung hegte, war (…) bloß unzureichend informiert."[19]

Wer dennoch Hoffnung hegt, ist bloß unzureichend informiert – dieses Bonmot ist böse, sehr böse. Aber es sitzt mir wie ein Stachel im Fleisch, und zwar hinsichtlich der Frage, ob nicht auch wir uns in unzulässig bequemer Weise in unseren Hoffnungen einrichten. Das sei als Gegenposition in unsere Diskussion eingebracht – eine Position, die mich wirklich umtreibt.

[19] Zit. nach Jan-Christoph Hauschild, Heiner Müller oder Das Prinzip Zweifel. Eine Biographie, Berlin 2001, 7.

Steffensky: Ich meinte das zu Beginn unseres Gesprächs mit meiner Bemerkung, dass Hoffnung nicht die Prognose eines guten Ausgangs ist. Im Gegenteil, es ist ja eher erstaunlich, dass Menschen so naiv denken, dass schon alles gut ausgeht, Hoffnung nicht das geringste mit Pessimismus zu tun hat. Die Müllersche These würde ich die ernsthafte Trostlosigkeit des ernsthaften Atheismus nennen. Ich schätze sie, und ich gebe mich nicht damit zufrieden. Wenn ich die Opfer ansehe, dann sage ich mehr, als ich verantworten kann. Ich sage: Gott rettet das verlorene Leben. Im Glauben selber sitzt der Schatten des Atheismus. Die Sätze von der Rettung sind nicht leicht, es sind keine Sätze, die einem, vom Leben abgelesen, einfach auf die Zunge kommen. Es sind schwere Sätze, die einen Feind haben, nämlich das, was dem Leben selbst angetan wird.

Sölle: Bert Brecht sagt es doch noch etwas anders: „Das Große bleibt groß nicht und klein bleibt nicht das Kleine. Die Nacht hat zwölf Stunden, dann kommt schon der Tag."[20] Natürlich ein seriöser Satz, was denn sonst? Sehr vieles bei Brecht ist so nah an dem, was Veränderung bedeutet, die Möglichkeit der Veränderung, das Aufwachen von Veränderung.

Ich meine, um dies zu verstehen und auch sagen zu können, muss man von der Annahme ausgehen, dass in jedem Menschen etwas von Gott versteckt ist. Das ist ein mystischer Grundsatz, das von Gott in dir, so sagen es die Quäker (das ist kein sehr elegantes Englisch), „that of God in you". Das ist eine Art von Denken, das im Menschen in jedem Fall annimmt, dass da etwas von Gott ist, ein Funke von dem großen Feuer; auch in Stalin und Hitler ist das versteckt. Es ist zuge-

[20] Bertold Brecht, Das Lied von der Moldau.

müllt, ungehört – ich weiß nicht, was man noch alles schreckliches darüber sagen kann. Und trotzdem ist es da.
Die jüdische Religion nennt das die Fähigkeit umzukehren, die *Teschuwa.* Das bedeutet, dass du in jedem Augenblick und zu jeder Zeit Umkehr tun kannst. du kannst dich verändern. Das ist ein wunderbarer Glaube. Natürlich ist es ein Glaube, ich kann es nicht beweisen, aber es ist ein Glaube, den ich für notwendig halte. Wenn ich mich nur auf die Information verlasse, dann weiß ich eigentlich nicht, was Werden heißt. Es ist wissenschaftlicher Aberglaube – aber natürlich sehr schlau.

Und ist noch nicht erschienen was wir sein werden

Sölle:

Ein gebet nach dem ersten johannesbrief 3 vers 2

Und ist noch nicht erschienen was wir sein
werden
o gott der du auftust und offenbar machst
wann wird es so weit sein
wann werden wir sichtbar
wann wird die wahrheit an uns sichtbar
wann wird man an unseren städten sehen
hier wohnen die söhne und töchter gottes
die schwarze nicht von weißen apart halten
und türken nicht von deutschen separieren
und frauen nicht von der wahrheitsfindung
ausschließen
wann werden wir sichtbar gott
als deine töchter und söhne

Und ist noch nicht erschienen, was wir sein
werden
o gott die du leben hervorbringst und lachen
wann wird es soweit sein
wann werden wir offenbar
wann wird die wahrheit uns sichtbar
wann wird man an unserm fernsehprogramm
erkennen
hier wohnen freunde gottes
sie schrecken niemanden ab sie laden ein
sie spielen handball mit denen
die sie früher feinde nannten
und trauen ihnen die keine kinder sind wie wir
wann werden wir sichtbar gott
als deine töchter und söhne

Und ist noch nicht erschienen was wir sein
werden
o gott die du uns besser kennst als wir uns selber
kennen
wann müssen wir unser gesicht nicht mehr
verstecken
vor den verhungernden
wann werden wir sichtbar
wann wird die wahrheit durch uns hindurch-
leuchten
wann wird man an unseren handelsbeziehungen
sehen
hier wohnen die neuen menschen die schwester-
lichen
wann wird die sonne der gerechtigkeit über uns
aufgehen
und die ausplünderungsnacht zu ende gehen
wann werden wir sichtbar gott
söhne und töchter in deinem reich

Und ist noch nicht erschienen was wir sein
werden
o gott der du alles geschaffen hast
wann wird es so weit sein
dass wir es gut nennen wie du
wann werden wir sichtbar
wann wird die wahrheit scheinen
wann wird man an unsern gärten und feldern
sehen
hier wohnen die sanften kinder der erde
die das vergewaltigen nicht gelernt haben
und das plündern verlernten
hier wohnen kleine menschen
die die türme nicht in den himmel bauen
und die tiere nicht zu tode testen
Gott freundin der menschen freund der erde
komm bald
maranathá beeil dich
mach uns sichtbar
töchter und söhne
in deinem reich[21]

Über Zorn und Mut

Engel: Ich leite die Schlussrunde unserer Diskussion mit einem Satz ein, den ich bei Dorothee Sölle gelesen habe. Dorothee Sölle erinnert dort an Augustinus. Augustinus (er ist nicht mein Freund!) ist unser „Regelvater", denn wir Dominikaner leben nach der Augustinusregel. – Nun: Dorothee Sölle ruft uns ins Gedächtnis, „daß die Hoffnung zwei liebliche Töchter hat; Zorn und Mut."[22]

[21] Dorothee Sölle, zivil und ungehorsam. a.a.O., 108f.

[22] Dorothee Sölle / Fulbert Steffensky, Wider den Luxus der Hoffnungslosigkeit, a.a.O., 75.

Diese These soll Leitlinie für die unser Gespräch abschließenden Statements sein: Wo gibt es in unseren Hoffnungsgeschichten, in unseren Hoffnungen und in unserer Hoffnung Erfahrungen von Zorn? Und wo, vor allen Dingen, leben Anstiftungen zum Mut?

Steffensky: Ich komme noch einmal auf das „Politische Nachtgebet" zu sprechen.[23] Es war sowohl eine Stelle des Zornes als auch des Mutes. Wie wir gearbeitet haben, wie wir uns eingearbeitet haben in die einzelnen Themen, umso mehr stieg unser Zorn; es kann sein, Paulus, dass gelegentlich auch Selbstgerechtigkeit dabei war, aber eine junge Gruppe ist von sich überzeugt, und sie muss es sein, wenn sie nicht schon im Anfang an der eigenen Unentschiedenheit sterben soll. Eine Gruppe, die nicht irrtumsfähig ist, ist auch nicht wahrheitsfähig. Das ist das Problem in unseren Kirchen, dass wir lieber nicht handeln als uns zu irren. Also gut, es war ein Ort des Zornes und es war ein Ort des Mutes. Wir haben vieles getan, wir haben Kirchenleitungen widerstanden. Als Einzelne hätten wir dies wohl nicht gemacht. Als Einzelne wären wir wohl zu schwach, zu feige, zu wenig einsichtig gewesen. Immer wieder kommt man darauf, was Kirche bedeuten kann; was es bedeuten kann, dass wir zusammen sind.
Ich möchte aber noch eine Bemerkung zu Paulus machen. Als du von den Briefen erzähltest, die du bekommen hast, in denen dir Menschen gesagt haben, dass du ihnen geholfen hast und dass du ihnen viel bedeutest, hast du einen schönen Satz gesagt: „Darüber war ich ganz erstaunt", hast du gesagt. Wahrscheinlich hätte ein guter Mönch gesagt: „Aber so war's doch

[23] Vgl. Dorothee Sölle/Fulbert Steffensky, Thesen zum „Politischen Nachtgebet" – neu gelesen, in: *Wort und Antwort* 33 (1992), 69–71.

gar nicht, ich bin doch nichts und kann doch nichts und tauge auch nichts.“ Paulus hat sich nicht in die Demut verkrochen, sondern hat in aller Schlichtheit gesagt: „Na, wenn alle das sagen, wird’s wohl stimmen!“ Und das finde ich eine wunderbare Fähigkeit, sich dem Urteil der Güte nicht zu entziehen. Vielleicht ist dies die Gabe des Alters, dass man sich nicht gegen die guten Urteile wehrt, die über einen gesprochen werden. Man hat sie viel zu nötig. Das ist Glauben an die Gnade, sich gegen die Freisprüche nicht zu wehren.

Sölle: Das war ein so schöner Blumenstrauß, dass ich gar nicht weiß, welche Blume ich noch dazutun könnte zu dem, was Fulbert dir jetzt überreicht hat.
Ich denke eigentlich auch, dass Zorn und Mut Geschwister sind, zusammengehören, diese beiden lieblichen Töchter der Hoffnung. Ohne Zorn wächst kein Mut; wir brauchen ein Stück Empörung: „Das kann doch nicht alles gewesen sein! So hat Gott sich das doch nicht gedacht, dass nun alle Bäume kaputtgehen. Das ist doch nicht der Sinn des Ganzen.“ Man hört das ja oft von Menschen, ganz gewöhnlichen Leuten, dass sie genau wissen, „so kann es doch nicht weitergehen, was stellen die sich eigentlich da vor?“ – das sind Ausdrücke von Zorn, von Negativität.
Ich ärgere mich manchmal, wenn Leute mir sagen, ich hätte ein Feindbild. Ich sage dann: „Entschuldige mal, das Leben hat Feinde. Die Fische haben Feinde, die Blumen haben auch Feinde, die Kinder erst recht, die alle nicht in die Schule dürfen – natürlich haben die Feinde“. Jesus hat nicht gesagt, „Ihr habt keine Feinde“ – das ist liberales Gewäsch –, sondern er hat gesagt, „Ihr sollt sie lieben“ – das ist etwas ganz anderes. Das heißt, die Feinde sind bekehrbar. Und dazu gehören Zorn und Mut.

Engelhardt: Das letzte Wort, das ich nun in unsere Diskussion sprechen werde, soll gerade zeigen, dass wir nicht am Ende sind. Erst einmal möchte ich euch danken, Dorothee, Fulbert und Ulrich. Ich bereue es jetzt doch nicht mehr so, dass ich mich diesem Feiern hingegeben habe.

Dann möchte ich abschließend zwei Bemerkungen anfügen. Als du, Fulbert, eben von Demut sprachst, war das ja nicht die richtige Demut, sondern die falsche. Ich wiederhole etwas, was ich vorgestern bei einem Thomas-Vortrag gesagt habe: Zwischen Hoffnung als Affekt und Hoffnung als theologischer Tugend hat Thomas einen oft übersehenen Zwischentraktat über die Hoffnung großer Menschen, oder man muss schon sagen, großer Männer, verfasst. Das hat er von Aristoteles übernommen, den Typ des Hochgesinnten, *magnanimus* (μεγαλοψυχος), der zunächst einmal bei Aristoteles ein würdevoller Macho ist, den aber dann Thomas von Aquin in einer Tradition, die sehr alt ist, zusammen bringen will mit der Demut des Evangeliums. Und die Lösung ist bei ihm ziemlich einfach, nämlich: Es ist nicht falsch, die eigenen Gaben und das von einem selbst Bewirkte anzuerkennen, wenn ich es nur nicht als die aus mir kommende Leistung ansehe, sondern auch alle Gaben als Gaben Gottes. Dann bewährt sich das, was Theresa von Avila noch einfacher gesagt hat: Demut ist Wahrheit; also nicht sich klein machen, sondern sich freuen über das, was geschenkt ist und sich vielleicht auch im einen oder anderen Fall etwas gut ausgewirkt hat.

Und so möchte ich dann Ihnen und euch allen danken für die Geduld, und ganz betont sagen: Ich hoffe, dass es euch und Ihnen so geht wie mir, das jetzt kein letztes Wort fällig ist, sondern das viele Anstöße zum Weiterdenken und Weiterleben gegeben wurden. Und da war für mich das entscheidende Wort der Glaube an die Teschuwa, die Möglichkeit der Umkehr – auch mit 80 Jahren. Danke.

Engel: Danke euch dreien für dic offenherzige Diskussion!

Paulus Engelhardt OP: Bibliographie 1991–2001[1]

zusammengestellt von Ulrich Engel

1991

91/1 Den Konziliaren Prozeß erweitern?, in: Magdalena Bussmann/Gottfried Bitter (Hrsg.), Lebenszeichen gegen Angst und Tod. Für eine humane Welt und eine menschliche Kirche. Heinrich Missalla gewidmet (Publik-Forum Dokumentation) Bd. 1, Oberursel 1991, 99–114.

91/2 Wahrheit – Umkehr – Bund: Drei Grundworte des Konziliaren Prozesses, in: Klaus Hagedorn (Hrsg.), Anpassung oder Widerstand. Wie konform wollen wir sein? Oscar A. Romero und dem gekreuzigten Volk von El Salvador zum Gedenken. Nach-Gabe zur Einrichtung der Oscar-Romero-Stiftung und des Oscar-Romero-Hauses in Oldenburg am 18.6.1991, Oldenburg 1991, 194–200.

91/3 Fundamentalismus, in: *Wort und Antwort* 32 (1991), 1–2.

91/4 Atheismus, in: *Wort und Antwort* 32 (1991), 49–50.

91/5 Erinnerungen an den Dialog, in: *Wort und Antwort* 32 (1991), 54–59.

91/6 Dialog, in: *Wort und Antwort* 32 (1991), 97–98.

91/7 Hoffnung, in: NHthG Bd. 2 (erw. Neuausgabe 1991), 374–384.

[1] Fortsetzung zur „Auswahlbibliographie aus dem Werk von Paulus Engelhardt“ [bis 1990], in: Thomas Eggensperger / Ulrich Engel / Otto Herman Pesch (Hrsg.), Versöhnung. Versuche zu ihrer Geschichte und Zukunft. FS Paulus Engelhardt OP (Walberberger Studien / Philosophische Reihe Bd. 8), Mainz 1991, 253-260.

1992

92/1 Anmerkungen zum Konziliaren Prozeß bis 1992, in: Klaus Fengler/Martin Singe/Heinz Schulze/ Hermann van de Spijker für Alexander Groß (Hrsg.), Eine Vision teilen. Pädagogische Praxis für Frieden und Gerechtigkeit. Beiträge zur Arbeit der Jugendakademie Walberberg, Bornheim–Walberberg 1992, 117–128.

92/2 28. Januar. Thomas von Aquin, Ordenspriester, Kirchenlehrer, in: Franz Josef Sendebach/Klaus Roos (Hrsg.), Predigthilfen zu den Festen und ausgewählten Gedenktagen des Kirchenjahres, Mainz 1992, 37–42.

92/3 Zur philosophischen Dimension der christlichen Soziallehre: Leo XIII. und die Freiheit, in: Nicolas Michel (Hrsg.), Die christliche Soziallehre. Die neuen Herausforderungen. Die Beiträge des Kolloquiums „Hundert Jahre christliche Soziallehre (1891–1991)" der Universität Freiburg/Schweiz – Freiburg i.Ue. 1992, 87–108.

92/4 Symbol des Sakraments, in: *Wort und Antwort* 33 (1992), 26.

92/5 Ein Weg der Versöhnung. Bruno Hussar OP (geb. 4.5.1911), in: *Wort und Antwort* 33 (1992), 44–45.

92/6 Utopie, in: *Wort und Antwort* 33 (1992), 97–98.

92/7 Ein Ordensmeister im Umbruch. Vincent de Couesnogle OP (13.9.1916 – 14.7.1992), in: *Wort und Antwort* 33 (1992), 183–184.

1993

93/1 Konflikt, in: *Wort und Antwort* 34 (1993), 1–2.

93/2 Eine feste Burg oder Gottes Menschenvolk auf dem Wege, in: *Wort und Antwort* 34 (1993), 19–22.

93/3 Zwischenruf, in: *Wort und Antwort* 34 (1993), 93.

93/4 Erfahrung, in: *Wort und Antwort* 34 (1993), 97–98.

93/5 Aegidius v. Lessines OP, in: *LThK* Bd. 1 (^{3}1993), Sp. 180.

1994

94/1 Der Humor und seine Verwandtschaft, in: *Wort und Antwort* 35 (1994), 1–2.

94/2 Humor als Freiheit in der Endlichkeit, in: *Wort und Antwort* 35 (1994), 13–18.

94/3 Natur, in: *Wort und Antwort* 35 (1994), 97–98.

94/4 Mensch als Teil der Natur – Natur als Gegenstand des Menschen, in: *Wort und Antwort* 35 (1994), 126–132.

94/5 Dreifaches Seufzen (Röm 8,18–27), in: *Wort und Antwort* 35 (1994), 141–142.

94/6 Paradies für Männer und Frauen, in: *Wort und Antwort* 35 (1994), 145–149.

1995

95/1 „Philosophi" und „sancti" über die Wahrheit. Urwahrheit und welthafte Wahrheit in den „frühen" Schriften Alberts des Großen, in: Thomas Eggensperger/Ulrich Engel (Hrsg.), Wahrheit. Recherchen zwischen Hochscholastik und Postmoderne (Walberberger Studien/Philosophische Reihe Bd. 9), Mainz 1995, 49–59.

95/2 Stratmann – Metzger – Dirks. Gemeinsamkeiten und Gegensätze dreier Friedenskämpfer – theologisch-politische Porträts, in: Johannes Horstmann (Hrsg.), 75 Jahre katholische Friedensbewegung in Deutschland. Zur Geschichte des „Friedensbundes Deutscher Katholiken" und von „Pax Christi", in: Katholische Akademie Schwerte (Hrsg.), Akademie-Vorträge Bd. 44, Schwerte 1995, 49–94.

95/3 [= 95/2] in: *Probleme des Friedens* Nr. 2 (1995), 49–94.

95/4 Der Friedensbund Deutscher Katholiken. Zum theologisch-politischen Beitrag von Max Josef Metzger, Franziskus Maria Stratmann und Walter Dirks, in: Alfred E. Hierold – Ernst Josef Nagel

(Hrsg.), Kirchlicher Auftrag und politische Friedensgestaltung (FS Ernst Niermann), Stuttgart – Berlin – Köln 1995, 88–100.

95/5 Hat die soziale Arbeit das richtige Menschenbild? Wer sind die Adressaten sozialer Arbeit?, in: Karl-Heinz Grohall (Hrsg.), Soziale Arbeit. Auf dem Weg zur Wissenschaft? Texte zu aktuellen Fragen (Praxis und Forschung. Schriftenreihe des Fachbereichs Sozialwesen der Fachhochschule Münster Bd. 8), Münster 1995, 27–38.

95/6 [zusammen mit Willehad Paul Eckert] Die deutschen Dominikaner im „Dritten Reich", in: *Wort und Antwort* 36 (1995), 7–17.

96/7 Theologische und philosophische Brosamen der Teutonia – aufgesammelt aus Rezensionen aus *Wort und Antwort* und anderswoher, in: *Wort und Antwort* 36 (1995), 18–21.

95/8 Ruf und Sendung (Jes 6 und der Kommentar Albert des Großen), in: *Wort und Antwort* 36 (1995), 43–44.

95/9 (Mannes) Dominikus Koster OP (1901–1981), in: *Wort und Antwort* 36 (1995), 134–137.

95/10 Weisheit, weise, in: *Wort und Antwort* 36 (1995), 145–147.

95/11 Species, in: *HWPh* Bd. 9 (1995), Sp. 1315–1342.

1996

96/1 [zusammen mit Brigitte Bauer/Michael J. Rainer] (Hrsg.), Armut und soziale Arbeit. Erfahrungen, Perspektiven und Methoden im internationalen Kontext. Interdisziplinäre Arbeitsschrift zum 60. Geburtstag von Gregor Sauerwald (Praxis und Forschung Bd. 14), Münster 1996.

96/2 Almosen oder Kampf um Anerkennung. Bemerkungen zur „Option für die Armen" in der „katholischen Soziallehre", in: Brigitte Bauer/Paulus Engelhardt/Michael J. Rainer (Hrsg.), Armut und soziale Arbeit. Erfahrungen, Perspektiven und Methoden im internationalen Kontext. Interdisziplinäre Arbeitsschrift zum 60. Geburtstag von Gregor Sauerwald (Praxis und Forschung Bd. 14), Münster 1996, 71–82.

96/3 Geschichten, Geschichte und Dialog. Einsame Dialoge vor dem ersehnten jüdisch-christlichen Dialog, in: Frano Prcela (Hrsg.), Dialog/Dijalog. Auf dem Weg zur Wahrheit und zum Glauben/Na putu istine i vjere (FS Augustin Pavlovi OP), Mainz – Zagreb 1996, 223–233.

96/4 [zusammen mit Walter Senner/Thomas Krauth/ Thomas-Dominikus Treutler/Frank Günther Zehnder] (Hrsg.–Mitarbeit), Omnia disce. Kunst und Geschichte als Erinnerung und Herausforderung (FS Willehad Paul Eckert OP), Köln 1996.

96/5 Ein deutscher Sonderweg der christlich-jüdischen Begegnung? Von Moses Mendelssohn zu Franz Rosenzweig, in: Walter Senner unter Mitarbeit von Paulus Engelhardt u.a. (Hrsg.), Omnia disce. Kunst und Geschichte als Erinnerung und Herausforderung (FS Willehad Paul Eckert OP), Köln 1996, 74–93.

96/6 Kirchliche Verlegenheit angesichts der „nichtarischen" Katholiken im Dritten Reich, in: Bistum Essen, Dezernat für gesellschaftliche und weltkirchliche Aufgaben (Hrsg.), Berichte und Beiträge Bd. 27, Essen 1996, 39–44.

96/7 Hölle, in: *Wort und Antwort* 37 (1996), 1–2.

96/8 „Auch mich schuf der ewige Haß". Friedrich Nietzsche über die Erfindung der Hölle, in: *Wort und Antwort* 37 (1996), 28–33.

96/9 Maria – Mirjam, in: *Wort und Antwort* 37 (1996), 49–50.

96/10 Erinnerungen an einen Träumer. Zum Tod von

Bruno Hussar OP, in: *Kontakt* 24 (1996), 51–55.
96/11 Hörhammer, Manfred OFMCap, in: *LThK* Bd. 5 ([3]1996), Sp. 277–278.

1997

97/1 [zusammen mit Ulrich Engel] Wahnsinn, in: *Wort und Antwort* 38 (1997), 97–98.
97/2 Der Wahnsinn des Gottsuchers. Friedrich Nietzsche (1844–1900), in: *Wort und Antwort* 38 (1997), 125–130.

1998

98/1 Eine „Christologie nach Auschwitz" zwischen „Besitzverzicht" und Gefühllosigkeit. Zur 4. und 5. These von Tiemo Rainer Peters, in: Jürgen Manemann/Johann Baptist Metz (Hrsg.), Christologie nach Auschwitz. Stellungnahmen im Anschluß an Thesen von Tiemo Rainer Peters (Religion – Geschichte – Gesellschaft. Fundamentaltheologische Studien Bd. 12), Münster 1998, [2]2001, 35–37.
98/2 Mystik und Politik. Zwei Anfänge der Theologie vor 750 Jahren, in: *Wort und Antwort* 39 (1998), 6–11.
98/3 Korbinian Leonhard Roth OP (1904–1960), in: *Wort und Antwort* 39 (1998), 88–91.

1999

99/1 Durch Schönheit zur Freiheit, in: *Wort und Antwort* 40 (1999), 9–14.
99/2 Charme oder Charisma. Defizite und Chancen der Kirche, in: *Wort und Antwort* 40 (1999), 117–122.

2000

00/1 Albertova teorija o novcu u usporedbi s Aristotelom i Marxom [Alberts Geldtheorie zwischen Aristoteles und Marx], in: Anto Gavri (Hrsg.), Ljubav prema istini (FS Tomo Vere OP), Zagreb 2000, 277–282.

00/2 Neujahrsgedanken. Die Zeit, in: Thomas Eggensperger/Ulrich Engel (Hrsg.) „Dies soll euch zum Zeichen sein…“. Advents- und Weihnachtspredigten aus dem Dominikanerkloster Düsseldorf, Düsseldorf 2000, 109–115.

00/3 Das Erbe des 20. Jahrhunderts und die Bioethik, in: *Wort und Antwort* 41 (2000), 8–14.

00/4 Seele. II. Philosophisch-anthropolgisch, in: *LThK* Bd. 9 ([3]2000), Sp. 370–372.

00/5 Sensus communis, in: *LThK* Bd. 9 ([3]2000), Sp. 464–465.

00/6 Siewerth, Gustav, in: *LThK* Bd. 9 ([3]2000), Sp. 574–575.

2001

01/1 [zusammen mit Karl Albert/Karl Allgaier/Leo Gerken/Markus H. Wörner] (Hrsg.) Thomas von Aquin, Summa contra gentiles. 1.–4. Buch. Lateinisch-deutsch. Sonderausgabe in 5 Bden., Darmstadt 2001.

01/2 Andreas Schillo – Solidarität, Gewaltlosigkeit, Widerstand (Brief), in: Solidarität im Unruhestand. Andreas Schillo zum 80. Geburtstag = *Der Pazifist. Hefte für Völkerrecht und Arbeit für den Frieden* 14 (2001) 3. März 2001, 16.

01/3 Erinnerungen an Kamil, in: Rainer Zimmer-Winkel (Hrsg.)/Dirk Bistmann-Kotte (Red.), Christentum in Galiläa. Das Beispiel des „Haus Gnade“ in Haifa (Aphorisma. Kleine Schriftenreihe Bd. 31), Trier 2001, 53–54.

01/4 Fremd, in: *Wort und Antwort* 42 (2001), 49–50.

Schriftleitung:

Deutsche Thomas Ausgabe (DThA): Hauptschriftleiter 1956–2000, weiterhin Mitarbeiter der DThA.

Wort und Antwort (WuA[M]), Hauptschriftleiter 1973–1996, weiterhin Mitglied der Schriftleitung.

Walberberger Studien. Philosophische Reihe (WSAMA.P), Herausgeber bis 1995.

Verzeichnis der Autorin und der Autoren

Thomas Eggensperger OP, Dr. theol., geb. 1963 in Wien, Directeur général von „Espaces asbl." Brüssel, stellv. Direktor des „Institut M.-Dominique Chenu" (Espaces Berlin), lebt in Brüssel und Berlin.

Ulrich Engel OP, Dr. theol., geb.1961 in Düsseldorf, Geschäftsführender Direktor des „Institut M.-Dominique Chenu" (Espaces Berlin), Studienregens der Dominikaner-Provinz Teutonia, lebt in Berlin und Düsseldorf.

Paulus Engelhardt OP, Dr. phil., geb. 1921 in Berlin, bis 1999 Professor für Philosophie an der Philosophisch-Theologischen Hochschule Münster, Mitarbeiter der „Deutschen Thomas-Ausgabe" (DThA), lebt in Düsseldorf.

Dorothee Sölle, Dr. phil. habil, geb. 1929 in Köln, Germanistin, Theologin, Lyrikerin, Mitglied des PEN, bis 1987 Professorin am Union Theological Seminary New York, lebt in Hamburg.

Fulbert Steffensky, Dr. theol., geb. 1933 in Rehlingen/Saar, bis 1998 Professor für Religionspädagogik am Fachbereich Erziehungswissenschaften der Universität Hamburg, lebt in Hamburg.

Hans Waldenfels SJ, DDr. theol., geb. 1931 in Essen, bis 1996 Professor für Fundamentaltheologie, Theologie der nichtchristlichen Religionen und Religionsphilosophie an der Katholisch-Theologischen Fakultät der Universität Bonn, Leiter der Düsseldorfer „Mittwochsgespräche", lebt in Düsseldorf.